Krzysztof Trębski

La comunicazione in famiglia

Krzysztof Trębski

La comunicazione in famiglia

Edizioni Sant'Antonio

Cover image: www.ingimage.com

Publisher:
Edizioni Accademiche Italiane
is a trademark of
International Book Market Service Ltd., member of OmniScriptum Publishing Group
17 Meldrum Street, Beau Bassin 71504, Mauritius

Printed at: see last page
ISBN: 978-613-8-39359-7

Indice

Introduzione

Comunicare bene non significa solo esprimere con chiarezza il proprio punto di vista e le proprie idee, ma anche saper esprimere emozioni e sentimenti che concorrono, insieme agli aspetti più cognitivi e informativi, a "fare comunicazione". Significa esprimere se stessi, le proprie aspettative e i bisogni, condividere le esperienze e i loro significati che fanno parte dell'archivio della nostra memoria. Significa anche ampliare i propri orizzonti, includendo la visione e il parere dell'altro. Attraverso la comunicazione abbiamo la possibilità di comprendere e di essere compresi e, soprattutto, di migliorare la qualità delle nostre relazioni interpersonali. Questo significa costruire relazioni che aiutano a vederci chiaro, prevenire eventi infausti e prendere decisioni lungimiranti.

All'interno di una famiglia la comunicazione efficace è necessaria per conoscersi, per verificare bisogni, attese e motivazioni, per stimolare l'ascolto e la partecipazione, per riconoscere e gestire i momenti difficili. Nei momenti di crisi, di cambiamenti repentini e di stress, una buona comunicazione si rivela essenziale nel prevenire le rotture definitive dei legami parentali e la disgregazione della famiglia.

Una comunicazione efficace è quindi *conditio sine qua non* del buon funzionamento del sistema famigliare e della sua capacità di superare le difficoltà della vita. Diventa necessaria, specie nei momenti di crisi relazionale, per arginare i danni e avviare il nucleo famigliare verso il recupero completo dell'unità e della complicità affettiva.

1. Le caratteristiche generali della comunicazione

La comunicazione (dal latino *cum* = con e *munire* = legare, costruire; *communico* = mettere in comune, far partecipe) è spesso descritta come l'insieme dei fenomeni che permettono la circolazione di informazioni. In senso ampio si tratta del contenuto di novità e d'imprevedibilità (radicato nella soggettività della fonte d'informazione) di un messaggio intercorrente fra soggetti in relazione. La comunicazione presume quindi una relazione interpersonale e allude alle interazioni significative specificamente umane, ricche di contenuto e di senso.

La definizione tecnica di comunicazione si riferisce allo scambio di informazioni che avviene tra due o più persone con la finalità di emettere e ricevere segnali in un processo dinamico tra i soggetti coinvolti. Sembrerà banale ricordarlo, ma per comunicare gli interlocutori dovrebbero essere almeno in due e avere l'intenzione di scambiare un messaggio. Ciò implica che i protagonisti possano avere obiettivi, intenzioni e posizioni diverse le une dalle altre. Riconoscere questa possibile diversità pone già una base per una comunicazione e un ascolto efficace.

È doveroso, inoltre, ricordare che la comunicazione aiuta ogni protagonista a definire chi è, a riconoscere la propria identità, è narrazione di sé ed è uno degli elementi che aiuta a consolidare la propria autostima. Rivela se uno è capace di comunicare, capace di entrare in relazione con gli altri. Questa capacità fa sperimentare un senso di competenza, di adeguatezza e di potenzialità; fa sentire capaci di comprendere e di farsi comprendere. È questo vissuto esperienziale interiore che caratterizza l'autostima, ovvero il credere in se stessi.

Attraverso la comunicazione si esprimono anche gli stati d'animo (paura, gioia, collera ecc.), oltre a veicolare con particolari modelli di trasmissione le intenzioni del messaggio: persuasive, emotive, poetiche, informative.

I due soggetti principali dello scambio dei contenuti della comunicazione sono: l'emittente e il ricevente. L'emittente (o mittente) è colui che crea la trasmissione delle informazioni scegliendo il contenuto del messaggio, utilizzando il suo vocabolario e i significati che riesce ad attribuire al dato. Il ricevente (o destinatario), invece, è colui che interpreta i dati dell'emittente attribuendo un'interpretazione soggettiva e un giudizio sui contenuti. Senza alcun dubbio si può affermare che l'uomo impiega la parola come mezzo di comunicazione principale.

Oltre ai soggetti della comunicazione (emittente e ricevente), vi sono molti altri aspetti che in un processo comunicativo devono essere tenuti in considerazione:

- Canale: mezzo fisico che fa da supporto a un messaggio permettendogli di arrivare al ricevente. Per esempio l'aria attraverso la quale si propagano le onde sonore prodotte dalle parole;
- Messaggio: l'insieme di notizie riguardanti un certo argomento, il contenuto intellettuale e/o affettivo che viene formulato per essere trasmesso. Gli ostacoli alla comunicazione efficace possono essere costituiti da:
  - messaggi complessi (o composti) di difficile comprensione, la cui decodifica non avviene sempre correttamente. Tali messaggi dovrebbero essere suddivisi in diverse parti per essere meglio compresi;
  - messaggi trasmessi simultaneamente, che possono creare una condizione di sovraccarico e interferire con la loro comprensione. Troppi messaggi che arrivano simultaneamente non sempre possono essere decodificati correttamente e il loro significato spesso può risultare distorto. Allo scopo di permettere una comunicazione efficace si consiglia di limitare i messaggi da trasmettere contemporaneamente (es: consenso informato che contiene informazioni corrette ed essenziali);
  - messaggi dovuti o meccanismi personali di distorsione come disattenzione, mancanza di vocabolario comune ecc., che fanno attribuire significati diversi al contenuto;
  - messaggi astratti come l'uso di parole che non hanno alcun riscontro diretto con la realtà, cioè parole usate secondo i propri schemi mentali che ignorano quelli degli altri;

- messaggi con l'uso delle gergalità, che introducono un linguaggio convenzionale introdotto da particolari gruppi sociali allo scopo di escludere gli "estranei";
- messaggi monotoni che annoiano e compromettono seriamente il livello di attenzione;

- Codice: insieme dei simboli e delle regole sintattiche utilizzati nella comunicazione. Deve essere condiviso almeno in parte dall'emittente e dal destinatario. Per esempio la lingua, un codice che potrebbe essere non completamente codificabile per alcuni, addirittura incomprensibile per uno straniero o appartenente a un differente ceppo culturale che usa il gergo o il dialetto. Spesso si ritiene che il modo migliore per comunicare sia il codice verbale (il parlare). Ma esistono altri codici: acustici (il citofono, il telefono ecc.), visivi (orologio, cartello pubblicitario ecc.), gestuali (alcuni movimenti del corpo possono comunicare paura, emozione, disperazione ecc.), iconici (segnali stradali e indicazioni di percorso ecc.);
- Contesto: la situazione in cui la comunicazione avviene o a cui si riferisce e comporta il differenziarsi dei significati dell'atto comunicativo.

La comunicazione efficace esige che l'emittente: desidera di comunicare; ha chiaro ciò che intende comunicare; si interroga sul ricevente; sceglie il canale più adeguato; usa un codice condiviso dal ricevente; formula il messaggio in modo chiaro e completo. Invece il ricevente deve essere: disponibile a ricevere il messaggio; in grado di decifrarlo; capace di ascoltarlo; in condizioni di inviare il feedback.

Un altro importane aspetto della comunicazione è rappresentato dalla modalità con cui viene effettuata. Molte persone interpretano il linguaggio dando significati differenti a un discorso (contenuto soggettivo), altri invece percepiscono dal linguaggio certe sfumature non sempre codificabili, una specie di sensazione a "fior di pelle": questa lettura è il risultato di una serie di messaggi che vengono forniti al ricevente senza che si utilizzino le parole, cioè veicolati attraverso il linguaggio non verbale.

La comunicazione diventa molto più efficace quando esiste una buona capacità di intendersi basata su calore umano, espressività e comune appartenenza, come nel caso di una famiglia.

1.1. La comunicazione verbale

La comunicazione verbale è costituita dalle parole che usiamo quando parliamo o scriviamo e, anche se solo il 7% del messaggio comunicativo è dedotto dal contenuto verbale, questo aspetto normalmente descrive ciò di cui, comunicando, siamo più consapevoli. Infatti, quando dobbiamo esprimerci cerchiamo di scegliere con cura alcune parole al posto di altre, adattando il registro al nostro interlocutore: se siamo in un contesto formale, useremo un linguaggio più raffinato; se parliamo in un ambito informale, useremo un gergo più colloquiale. In generale, cerchiamo di costruire il discorso in modo che sia chiaro e comprensibile, oltre che persuasivo, e di destare interesse e curiosità nell'interlocutore. In questo campo più esperti sono i professionisti della comunicazione, mentre i non addetti ai lavori usano la comunicazione verbale in modo naturale e spontaneo, senza porvi particolare attenzione.

Ai fini di ottenere i risultati migliori in questo tipo di comunicazione, si possono adottare le seguenti precauzioni:

- usare un linguaggio comprensibile considerando i codici linguistici dell'interlocutore;
- spiegare con chiarezza;
- incoraggiare (utilizzando tecniche come "capisco", "ok", "sì" ecc.);
- utilizzare modalità appropriate all'età del ricevente;
- usare moderata ironia (se davvero necessario);
- non criticare o censurare;
- non esprimere mai troppi concetti contemporaneamente;
- rivolgersi direttamente alla persona con cui si sta parlando guardandola possibilmente negli occhi;

- presentare sempre l'informazione in modo comprensibile per comunicare un'informazione. Ad esempio, per un'informazione importante o delicata bisognerebbe pianificare il discorso in modo che i punti più importanti siano dati sia all'inizio sia alla fine;
- se serve ricorrere agli esempi;
- usare termini colloquiali, popolari o anche dialettali se possono mettere a proprio agio l'interlocutore;
- accertarsi che il messaggio trasmesso sia stato compreso correttamente.

La comunicazione verbale ha molti scopi, ma la sua funzione principale è trasmettere un messaggio a uno o più destinatari. Può essere utilizzata per informare, indagare, discutere o confrontarsi con gli altri su argomenti di ogni tipo. È inoltre fondamentale per insegnare e apprendere, oltre che per formare legami e costruire relazioni con altre persone.

È importante notare che la comunicazione verbale può produrre malintesi a causa della difficoltà a comprendere il significato preciso che intendeva attribuire il parlante ad una determinata parola. Le parole non hanno infatti tutte un significato preciso, univoco, compreso nello stesso modo da qualsiasi ascoltatore, ogni termine ha una sua area di incertezza o di ambiguità: è il così detto alone semantico, che determina una variabilità soggettiva nella sua interpretazione. Molte parole, prese isolatamente, non sono del tutto chiare e diventano pienamente comprensibili solo nel contesto (es. 'lira': moneta o strumento musicale? 'fiera': mercato o belva feroce?).

Nell'ambito della comunicazione verbale la buona conoscenza dello strumento linguistico consente di affermare con più forza la propria personalità, di sostenere le proprie idee, anche differenziandosi dalle posizioni più stereotipate, nella consapevolezza di avere i mezzi per trasmettere agli altri un diverso modo di pensare.

Un altro fattore riguarda il livello culturale dei protagonisti della comunicazione: quando esso è scarso e le parole utilizzate servono solo per parlare di cose concrete che riguardano entrambi gli interlocutori, non c'è bisogno di un linguaggio particolarmente ricercato, la scelta delle parole è più stereotipata e serve semplicemente per accompagnare i gesti o le azioni della routine quotidiana. La mancanza di cultura si esprime anzitutto attraverso la presenza di un deficit linguistico, anche se alcune persone particolarmente dotate riescono a usare un codice di comunicazione più elevato rispetto al proprio livello di istruzione.

Un'altra dote personale rilevante nella comunicazione verbale è quella del *code switching*, o cambiamento di codice, per passare da una lingua all'altra oppure da un registro più alto ad uno più basso, quando ad esempio dopo aver iniziato il discorso in modo formale si finisce per parlare in dialetto. Questo avviene a seconda di alcuni aspetti della situazione comunicativa, tra cui il rapporto di ruolo e le caratteristiche del contesto: la forma 'alta' del linguaggio viene usata in contesti pubblici, ufficiali, formali, mentre quella 'bassa' viene utilizzata negli scambi quotidiani ed in contesti informali.

Un aspetto interessante della comunicazione riguarda l'uso del dialetto e/o gergo.

In genere in famiglia si parla in dialetto, a scuola o sul lavoro nella lingua ufficiale. Parlando con gli altri si scelgono accuratamente i termini che possono risultare i più adatti alle circostanze e all'interlocutore. Normalmente si impara a parlare un linguaggio diverso a seconda che ci si rivolga a un bambino, a un famigliare o a un estraneo, a un superiore o a un dipendente e così via.

Soprattutto i giovani o le persone provenienti da gruppi etnici usano il gergo per sottolineare la loro appartenenza o il background culturale. Il gergo è una varietà di lingua adottata da un gruppo di persone per comunicare all'interno di un mondo segreto, escludendo gli altri dalla comunicazione. È la lingua di un determinato gruppo sociale, isolato e con regole di vita particolari, che si costruisce un codice di comunicazione diverso dagli altri. Si tratta di una vera e propria arma di difesa contro il controllo altrui, che favorisce, inoltre, la coesione e l'autoconservazione del gruppo.

1.2. La comunicazione paraverbale

Questa caratteristica descrive il modo in cui diciamo o scriviamo qualcosa. Il 38% del messaggio comunicativo è dedotto dagli aspetti paraverbali.

Tra i connotati paraverbali vocali annoveriamo:

- tono: grado di elevazione della voce. Molto comuni sono le affermazioni, le interrogazioni, le esclamazioni, ad esempio: Sei pazzo. Sei pazzo? Sei pazzo! Le variabilità del tono sono innumerevoli e molto efficaci, ad esempio l'intonazione sarcastica, ironica, il modo altezzoso, il tono affabile, dispregiativo, di fastidio, di comando, di remissione ecc.;
- pronuncia e accento: indicano la provenienza dell'individuo;
- timbro della voce: impronta della voce, caratteristica personale di un individuo;
- intonazione: accentuazione o minimizzazione del tono all'interno di un discorso, che offre colore al discorso;
- accentuazione: pronunciare con particolare enfasi una o più parole in una frase modificandone il significato che esprime. Esempio: accettazione, rifiuto, sorpresa, indifferenza. L'accentuazione è la modulazione del tono sulla base di un contenuto emotivo/affettivo che riguarda soprattutto la voce (tono, volume, ritmo), ma anche le pause, le risate, il silenzio ed altre espressioni sonore (schiarirsi la voce, tamburellare, far suoni).

Nella comunicazione scritta, gli indicatori paraverbali sono ad esempio la punteggiatura e la lunghezza dei periodi, elementi che conferiscono al testo ritmo e velocità. La grafologia aggiunge una particolare nozione circa il simbolismo dello spazio grafico. Tanto per citare qualche esempio: scritture che si slanciano in avanti vivono nel futuro e con disagio il "qui ed ora"; scritture lente e dal movimento incerto vivono invece con estrema dilatazione il tempo presente.

1.3. La comunicazione non verbale

La comunicazione non verbale riguarda il linguaggio del corpo (cioè gesti, posture, mimica facciale ecc.) che influirebbe nei confronti dell'interlocutore per circa il 55%. Questo tipo di comunicazione (Cozzolino, 2003, 24-27):

- rende evidente gli atteggiamenti interpersonali;
- esprime gli atteggiamenti circa l'immagine di sé e del proprio corpo e partecipa alla presentazione di sé agli altri;
- sostiene e completa la comunicazione verbale e svolge una funzione metacomunicativa, già presente nella funzione linguistica del discorso;
- svolge una funzione di regolazione dell'interazione conversazionale;
- esprime e comunica emozioni;
- funge da "canale di dispersione", perché lascia filtrare più facilmente contenuti profondi dell'esperienza;
- può sostituire la comunicazione verbale in situazioni particolari che non consentono l'uso del linguaggio.

Tra le modalità della comunicazione non verbale possiamo annoverare:

1. espressione del viso:
   - occhi: direzione sguardo, durata sguardo, dilatazione pupille, arrossamento;
   - movimento di sopracciglia. Ad es. il rapido sollevarsi significa sorpresa;
   - fronte. Ad es. il corrugamento indica concentrazione/sforzo, la distesa indica rilassamento;
   - naso. Ad es. l'arricciamento indica disgusto, mentre la dilatazione indica rabbia;
   - bocca: sorriso, riso;
   - vascolarizzazione. Ad es. arrossire può significare vergogna/imbarazzo; pallore: tristezza, spavento;
   - tono muscolare: atonia può indicare tristezza; maggior tonicità: attività; estrema tonicità: sforzo/conflitto.

2. gestualità: esprime ed enfatizza i contenuti profondi, istintuali della comunicazione. Varia nelle diverse culture ed è maggiore nei "popoli del sud". Riguarda soprattutto i movimenti delle mani: meno sono quieti e articolati, più rappresentano una situazione di tensione, di conflitto o di ansia. Vanno osservati soprattutto i movimenti senza scopo, cioè non pertinenti all'azione che si sta compiendo (attività di dislocazione), che insorgono nelle situazioni di conflitto o di tensione (es. dondolare il piede, toccarsi i capelli, fino a rosicchiare le unghie o strapparsi i capelli). Sono tentativi di trovare uno sbocco in un'attività motoria alla tensione e alla immobilità generate da una situazione conflittuale. I gesti di conforto espressi (es. abbracciare) hanno lo scopo di rassicurare l'altro e di fargli percepire la propria partecipazione emotiva.
3. postura: atteggiamento globale assunto da tutto il corpo (es. camminare a testa alta o bassa). Tra le diverse posture studiate, interessanti sembrano quelle descritte da Lowen (2013):
   - la postura ripiegata: il corpo è come ripiegato, le spalle sono curve, la testa china in avanti, le gambe sottili danno l'impressione di non essere in grado di sorreggere il corpo, i piedi sembrano abbiano poco contatto con il suolo. Queste persone hanno difficoltà a stare in piedi da sole nella vita e tendono ad appoggiarsi agli altri;
   - la postura gonfiata: il petto è gonfio, il collo teso, il bacino rigido, le gambe contratte, lo sguardo diffidente. Su un piano psicologico, la persona sembra bisognosa di potere;
   - la postura sottomessa: il corpo appare schiacciato, di conseguenza risulta più basso, grosso, il collo è corto, la testa sembra quasi nascondersi dentro le spalle, che sono girate in avanti. Atteggiamento sottomesso per compiacere gli altri, sembra esprimere rabbia repressa, senso di inferiorità ambivalente;
   - irrigidita: il corpo è ben proporzionato, la testa alta, il collo rigido, la schiena diritta e il petto gonfio, il ventre appiattito, le gambe contratte. Una persona con queste caratteristiche tende ad avere un carattere inflessibile e orgoglioso. Ha paura di cedere perché ciò equivarrebbe alla sottomissione. Appare fisicamente rigida;

4. disposizione nello spazio: un antropologo statunitense, E.T. Hall (1966), ha analizzato le differenze culturali della distanza interpersonale, distinguendo questi tipi di distanza:
   - da 0 a 45 cm si parla di distanza intima ed è quella tenuta dagli innamorati, dagli amici molto stretti o dai membri di una famiglia. Si tratta dunque di una vicinanza fisica con valenza psicologica, che permette di percepire il calore, l'odore della pelle, il respiro dell'altro; le stesse cose che, tra due persone non intime, potrebbero suscitare disagio o disgusto;
   - dai 45 ai 75 cm si parla di distanza personale e si stabilisce, per esempio, quando si parla con un amico o si chiacchiera con qualcuno ad una festa;
   - dai 75 cm ai 120 cm siamo nell'ambito di una distanza personale orientata alla lontananza, dove il limite dei 75 cm rappresenta approssimativamente la distanza dalla quale è ancora possibile allungare un braccio ed entrare in contatto corporeo con qualcuno. Si tratta dunque di un confine che può essere varcato o meno a seconda della circostanza e della persona a cui ci rapportiamo;
   - dal metro e 20 cm ai 3 metri e mezzo si parla di distanza sociale, che caratterizza i rapporti professionali e i colloqui di lavoro.
   - oltre i 3 metri e mezzo parliamo di distanza pubblica, cioè quella tenuta, per esempio, da un relatore durante un convegno o una lezione universitaria. In questi casi in genere la distanza indica la superiorità di colui che parla rispetto alla massa indistinta degli ascoltatori.
5. comunicazione oggettuale: messaggio che proviene dagli oggetti che la persona sceglie per se (vestiti, pettinature ecc.). Assume diversi significati a seconda del contesto, della persona, della cultura. Ad esempio la divisa militare o il camice bianco indicano il ruolo professionale.
6. il silenzio: anche il silenzio è una comunicazione eloquente. Il silenzio può interferire con chi vuole comunicare, può aumentare la ridondanza (chi tace stimola l'emittente a continuare) oppure provocare una dispersione del messaggio. Il silenzio può essere seducente, permissivo, può avere diverse lunghezze e diversi significati.

7. comunicazione attraverso le azioni. Ad esempio inviare a qualcuno dei fiori può rappresentare significati diversi: simpatia, amore, gratitudine ecc.

Il linguaggio non verbale è presente anche quando comunichiamo per iscritto: se scriviamo a mano, la calligrafia o il tipo di carta usato possono rivelare il nostro stato d'animo o la cura che abbiamo posto nel redigere il messaggio; in una mail il tipo di carattere delle lettere, il colore, l'eventuale uso di immagini sono indicatori importanti per capire l'intento di questa comunicazione.

Il linguaggio non verbale è molto più efficace e "onesto" rispetto a quello verbale e non può essere facilmente modificato poiché è regolato da centri cerebrali molto "antichi"; questo fa sì che i contenuti reali non riescano a essere mascherati con le parole. Questo tipo di linguaggio esprime l'interiorità di un individuo, fa trasparire le emozioni senza filtri e può dare supporto all'espressione verbale.

Uno degli aspetti più importanti della comunicazione in famiglia riguarda la coerenza tra il significato delle parole e il modo di pronunciarle e il linguaggio non verbale. Questo è fondamentale nella comunicazione, basti pensare che è difficile credere a delle belle parole se sono accompagnate da un tono dimesso e uno sguardo distratto.

Essere più consapevoli delle caratteristiche della comunicazione rende i membri della famiglia più liberi nell'espressione dei loro bisogni e sentimenti, permettendo di gettare dei ponti comunicativi tra le diverse generazioni in famiglia.

2. La comunicazione: ponte tra i membri della famiglia

Oggi la società si avvale dell'aiuto della tecnologia per velocizzare e ottimizzare la comunicazione. Si pretende che il messaggio comunicato raggiunga immediatamente il destinatario e si aspetta la sua tempestiva reazione. Sembra che l'ascolto dell'altro sia solo una perdita di tempo. Per sviluppare le relazioni significative tra genitori e figli e creare lo spazio comunicativo in famiglia occorre anzitutto valorizzare la presenza fisica accanto all'altro, la capacità di ascolto e dedicargli il tempo necessario.

Costruire un contesto che sia comune tra protagonisti con caratteristiche tanto diverse, come sono appunto i genitori e i figli, presuppone, anzitutto, la conoscenza approfondita del percorso evolutivo del bambino. Sapere come procede lo sviluppo del proprio bambino aiuta, infatti, a comprendere i suoi comportamenti ed essere in grado di rispondergli in modo adeguato (Slezáková, 2019). Negli ultimi decenni è stato riconosciuto un ruolo prioritario alle relazioni famigliari, alla loro influenza sullo sviluppo della personalità e sulla socializzazione dei bambini. Le relazioni che si stabiliscono in famiglia tra i diversi membri che la compongono costituiscono, infatti, un ambiente naturale d'apprendimento di concetti e d'attitudini che agiscono come rinforzo e come motivazione per il raggiungimento di obiettivi relazionali ed educativi (Šmidová, Trębski e Nemčíková, 2019).

La comunicazione in famiglia risulta assumere un ruolo di grande centralità per consentire ai genitori e ai figli di costruire insieme un percorso di profonda conoscenza reciproca. La famiglia è proprio il luogo da cui partire per instaurare delle relazioni sane, fondate cioè su scambi comunicativi profondi, che giovano a tutti suoi membri. La comunicazione va costruita quotidianamente, con pazienza e attenzione, partendo dagli scambi verbali e non verbali. I figli imparano le modalità comunicative dai loro genitori, perciò, se questi usano una comunicazione aperta ed efficace, lo stesso faranno i figli. Quando la comunicazione tra genitori e figli è efficace, i figli si creano un'immagine di se stessi positiva e gratificante, mentre quando la comunicazione è inefficace, spesso, sentendosi inascoltati o incompresi, possono maturare la convinzione di essere poco importanti. I genitori che comunicano efficacemente con i propri figli sono soddisfatti nel constatare di essere ascoltati in ciò che dicono e seguiti in ciò che propongono. Allo stesso tempo, i figli sanno ciò che i genitori si aspettano da loro e perciò si sentono compresi dalla famiglia e rassicurati dal loro amore.

È opportuno porre le basi di una comunicazione efficace quando i figli sono piccoli: i genitori dovrebbero mostrarsi disponibili e comprensivi quando i figli fanno domande o quando vogliono intraprendere un discorso su ciò che li interessa. Questo non solo rafforza il legame reciproco, ma aiuta i genitori a conoscere meglio il vissuto dei figli e ad entrare nel loro mondo altrimenti impenetrabile. L'atmosfera serena che si crea aiuta a creare un circolo virtuoso che aumenta la fiducia reciproca. Se i genitori saranno in grado di creare la relazione basata sulla fiducia, saranno in grado di comunicare ai figli il rispetto, l'ascolto e l'empatia, e potranno restituire loro quel senso di accettazione che gradualmente li farà sentire sicuri e autonomi, certi di saper comunicare agli altri, con successo, i propri bisogni. Questo gli permetterà di costruire con altri relazioni salde e durature, anche nella vita futura.

2.1. Il valore della comunicazione materna e paterna

Per la maggior parte delle famiglie moderne, specie nei paesi sviluppati, l'esperienza genitoriale diventa il perno della vita affettiva di coppia. Per effetto del controllo delle nascite il figlio è voluto, quasi scelto, e diventa l'oggetto di un notevole investimento da parte dei genitori. La nuova famiglia tende dunque a rappresentare se stessa come luogo privilegiato di accudimento e protezione; suo scopo fondamentale diventa quello di fornire amore e sicurezza ai figli, soddisfacendone ogni bisogno affettivo, economico e sociale.

L'investimento affettivo convive con il fatto che i figli sono anche fantasticati dai genitori come proprietà esclusive. Prima l'idea era quella di un bambino totalmente passivo e dipendente che doveva essere guidato e introdotto nella vita, ora il bambino è visto come socialmente competente, con caratteristiche specifiche, il quale co-costruisce la relazione con gli adulti che lo circondano. Questa situazione comporta alcuni vantaggi, quali una maggiore ricchezza affettiva ed espressiva, ma anche possibili inconvenienti, come la maggiore dipendenza e l'ambivalenza di sentimenti che ogni situazione di contiguità emotiva genera. In passato essere genitori comportava una funzione materna o paterna più centrata sui valori tradizionali o su una continuità generazionale, all'interno della quale erano relativamente poco importanti le variazioni del contesto sociale di appartenenza (Šmidová e Slezáková et al. 2019). Oggi il contesto sociale influisce in maniera preponderante sulle scelte genitoriali in tutti campi di vita famigliare. Assistiamo ad una trasformazione della funzione adattativa del comportamento materno e soprattutto paterno. Le pratiche di allevamento e accudimento mostrano una riduzione del contatto fisico madre-bambino e una diminuzione dell'allattamento al seno, ritenuto troppo vincolante per la libertà di movimento della madre, anche perché questa spesso è impegnata in un lavoro esterno. Lo stile materno si è modificato per rispondere alle esigenze di nuovi modelli sociali che promuovono una maggiore indipendenza della donna e sostengono una precoce socializzazione del bambino, affidato alle cure di figure adulte vicarianti e/o a istituzioni educative. I ruoli parentali sono mutati in relazione al momento storico, che vede oggi il padre coinvolto in un più stretto contatto emotivo con il figlio, sia nel periodo prenatale che dopo la nascita. Un adeguato sostegno materiale ed emotivo alla mamma, una congrua serie di scambi interattivi con il figlio, di attività psico-fisiche tese alla trasmissione di competenze specifiche, sono i segni di questa nuova plasticità del ruolo paterno, più pronto anche all'ascolto. Anche nel fornire cure fisiche al bambino, infatti, il padre appare in grado di sostituire la madre, determinando una trasformazione profonda della funzione paterna, di cui ancora non sappiamo valutare la portata futura.

Diventare genitori oggi non è più o meno faticoso del passato: è profondamente diverso. I nuovi genitori sono dunque solitamente disponibili e non troppo intrusivi, qualche volta più simili a figure fraterne attente e collaboranti che non alle figure paterne autoritarie o alle madri apprensive: una posizione che consente anche relazioni fondate sull'ascolto, sul rispetto e la condivisione reciproca.

Il mutamento di riferimenti sociali e del modello famigliare costringe a inventare nuove modalità di relazione anche nell'allevamento dei bambini. Oggi molti diventano genitori senza mai aver avuto a che fare con un neonato, rispetto a prima dove le famiglie erano numerose e c'erano molti fratelli. Spesso la responsabilità di ascoltare le richieste del bambino e inventare delle risposte, dopo essersi interrogati su ciò che sta accadendo, appare un fardello che porta confusione e incertezza. In questo clima, dove si affollano dubbi e interrogativi, a volte ansiogeni, sul "che dire" e "che fare", la complicità educativa genitoriale e la comunicazione tra genitori e figli assume un ruolo centrale.

La comunicazione è efficace solo se avviene in un certo momento e con certe caratteristiche che corrispondono agli effettivi bisogni del bambino in un dato momento dello sviluppo. Non si può posticipare interventi educativi o supplire a certe mancanze in una successiva fase della sua vita. Alla nascita, ad esempio, è fondamentale un rapporto empatico tra madre e figlio: un rapporto inizialmente fatto più di emozioni che di parole, nel quale la madre deve dimostrarsi capace di non farsi trascinare dalla fretta che caratterizza la vita moderna, ma essere in grado di mettersi in ascolto delle sensazioni, dei pensieri, delle emozioni dell'animo del bambino, dando delle risposte verbali e non verbali, affettivamente e razionalmente valide. Il bambino ha un gran bisogno della presenza della madre che lo coccoli, lo abbracci e lo rassicuri. La vicinanza diventa così un veicolo di comunicazione: la voce rassicurante, il profumo della pelle, il calore del corpo che esprime la vicina presenza e garantisce il conforto. La comunicazione materna dovrebbe essere ricca di sentimenti amorosi e atteggiamenti affettuosi, in modo da dare al bambino il senso della tenerezza, della sicurezza e dell'accoglienza. Dovrebbe, inoltre, man mano che il figlio cresce, esprimere e stimolare quel ventaglio di sentimenti e di emozioni che ci rendono sensibili alle sofferenze altrui, partecipi delle difficoltà e dei problemi di chi ci circonda, disponibili all'aiuto e al sostegno reciproco. In un secondo momento la comunicazione materna può essere sempre più arricchita di elementi verbali in grado di trasmettere ai figli i bisogni, la storia, i valori e la cultura del contesto sociale in cui si vive.

Accanto alla comunicazione materna è da sottolineare l'importanza di quella paterna, spesso non valorizzata e misconosciuta, ma ricca di grandi valenze educative. La comunicazione paterna è diversa nello stile: più asciutta, lineare, sostanziale, va diritta allo scopo. È diversa nell'utilizzazione degli strumenti: l'uso del linguaggio è più scarno, meno ricco e variegato, rispetto a quello della madre, ma più sostanziale. I messaggi sono spesso trasmessi mediante l'uso di gesti, comportamenti o esempi da imitare. La comunicazione paterna è diversa dalla comunicazione materna negli scopi e negli obiettivi. Il padre stimola soprattutto all'azione, all'intraprendenza, alle attività competitive. Guida nella ricerca dell'essenzialità sia nell'esame dei problemi che delle situazioni. Cerca di sviluppare nel figlio il coraggio, la lealtà, la coerenza, la determinazione, il senso del dovere e dell'onore. Il padre, di solito, cerca di far partecipe il figlio di necessità fondamentali per un essere umano, come il controllo delle emozioni, attraverso l'uso della razionalità e la necessità del sacrificio; amplia la sua visione ristretta ai bisogni attuali con la comprensione delle esperienze del passato e le necessità future; infine lo allena e gli dà gli strumenti necessari per raggiungere quella forza interiore indispensabile ad affrontare le frustrazioni e le difficoltà della vita. Trasmette l'equilibrio necessario per sposare in maniera armoniosa l'affetto e la razionalità decisionale.

È importante ricordare che i genitori, in quanto adulti, si trovano necessariamente in una posizione asimmetrica rispetto ai figli, ma comunicare con loro esercitando una specie di potere gerarchico non fa altro che ostacolare la comunicazione stessa: l'adulto decide e impone, mentre il bambino si adegua senza potersi esprimere liberamente, percepisce la comunicazione come imposizione e vive un senso di profonda frustrazione. Per comunicare con i figli in modo efficace è necessario, quindi, instaurare una relazione simmetrica, in cui il bambino gode della medesima dignità e considerazione dell'adulto, trovando una giusta risposta ai propri bisogni.

Comunicare con il figlio in modo efficace significa, infine, instaurare una comunicazione basata sull'ascolto e l'empatia, due elementi tra loro strettamente collegati. Ascoltare non significa semplicemente percepire e ricevere un messaggio, ma esercitare un "ascolto attivo", disponibile a comprendere lo stato emotivo del figlio. Richiede ai genitori di concentrarsi sul bambino, sul suo stato emotivo, concedendogli il tempo per formulare autonomamente i propri pensieri ed esprimersi senza dover lottare per attirare l'attenzione. Risulta, inoltre, necessario sospendere ogni forma di giudizio previo sul bambino e, piuttosto, fare richieste chiare, realistiche e motivate, che gli restituiscano l'idea di essere sempre rispettato per come è. Accanto a questo, l'ascolto empatico del pianto, che mai è segnale di capriccio bensì di qualche bisogno che non ha trovato compimento, è di fondamentale importanza per potervi dare una risposta tempestiva, che restituisca al bambino la consapevolezza della sua efficacia comunicativa.

Riassumendo quanto detto precedentemente, per diventare "buoni ascoltatori" o per meglio dire "ascoltatori attivi", i genitori dovrebbero far propri cinque elementi chiave della comunicazione:

- dare al figlio che parla la massima attenzione così da recepire al massimo il messaggio che comunica, senza farsi distrarre da pensieri interni o da fattori esterni;
- usare consapevolmente il linguaggio del corpo per comunicare la propria attenzione. Annuire di tanto in tanto, sorridere ed usare altre espressioni facciali, assumere una postura aperta, incoraggiare a continuare con piccoli cenni verbali ("si", "uh huh"), fa sì che il figlio si senta ascoltato e libero di esprimere il proprio pensiero;
- fornire informazioni di ritorno, ripetendo quello che dice il figlio, parafrasando le sue parole ("Quello che mi dici sembra..."), fare domande semplici per chiarire alcuni punti ("Che cosa intendi quando dici...", "Vuoi dire che..."), riassumere

periodicamente le affermazioni, danno la conferma dell'ascolto, riducendo la probabilità di un'errata interpretazione di ciò che è stato detto;

- rinviare a dopo i propri giudizi e valutazioni, che considerando l'interezza del discorso risultano delle interruzioni e spesso sono solo una perdita di tempo: frustrano il ragazzo, lo distraggono dal tema centrale del racconto, limitando la piena comprensione del messaggio;
- rispondere in maniera adeguata alle circostanze, non aggiungendo nozioni tecniche o circostanziali superflue, ma concentrandosi sul senso e significato del messaggio appena recepito. Se necessario, esprimere le proprie opinioni con estremo rispetto e delicatezza, diluendo nel tempo il commento delle tematiche controverse.

Come si evince, riuscire a comunicare in maniera efficace con i propri figli è di fondamentale importanza per i genitori: ciò giova non solo ai ragazzi, ma a tutti i membri della famiglia. I figli, infatti, imparano le modalità comunicative dai loro genitori: perciò se questi usano una comunicazione aperta ed efficace lo stesso faranno i figli. Quando si instaura questo tipo di comunicazione i figli si creano un'immagine di se stessi positiva e gratificante, se invece la comunicazione è inefficace spesso si insinua in loro l'idea di essere inascoltati o incompresi e di conseguenza di essere poco importanti. I genitori che sono in grado di comunicare efficacemente con i propri figli sono soddisfatti nel vedere che vengono ascoltati e che i figli fanno ciò che loro gli propongono di fare. Al tempo stesso i figli sanno bene ciò che i genitori si aspettano da loro: si sentono più tranquilli e compresi dalla famiglia.

Sembra scontato ricordare che le basi per una comunicazione efficace vanno poste quando i figli sono ancora piccoli. Per questo motivo i genitori dovrebbero mostrarsi disponibili quando i figli fanno domande o quando vogliono intraprendere un discorso più profondo. L'amore incondizionato e la comprensione accordata in questi momenti porta frutti duraturi. L'atmosfera che così viene a crearsi fa in modo che i figli siano più propensi ad aprirsi e confidarsi con loro, anche successivamente nei momenti di particolare vulnerabilità.

Un altro aspetto importante per instaurare un rapporto comunicativo soddisfacente in famiglia è la qualità del linguaggio verbale e non verbale che si adopera. Quando si parla coi propri figli, soprattutto se molto piccoli, è bene mettersi a loro livello, adottando un linguaggio verbale e non-verbale (gesti, espressioni facciali, posture ecc.) che può essere da loro ben compreso. Ad esempio, nel momento in cui il figlio racconta un fatto delicato avvenuto a scuola, come il litigio con un compagno, dovremmo metterci di fronte al lui, magari alla sua altezza se ancora è piccolo, smettere di fare quello che stavamo facendo e ascoltarlo attentamente, senza sminuire o ingigantire il fatto avvenuto. Comportamenti quali l'accucciarsi, o il chinarsi mentre gli si parla così da guardarlo negli occhi, è rassicurante e favorisce da parte sua una comunicazione spontanea. Apostrofarlo dall'alto, invece, non farà che aumentare il suo disagio che, con molta probabilità, provocherà un blocco nella comunicazione.

Ci sono poi alcune semplici regole che è bene tenere a mente quando si interagisce con i figli:

- usare frasi concise. Una buona regola è essere sintetici, verificando se ciò che è stato detto è stato ben compreso. L'irrequietezza e la mancanza di contatto oculare sono due indici che denotano certamente distrazione da parte del figlio e che quindi impediscono una buona comprensione del messaggio verbale che si sta trasferendo;
- porre la domanda giusta. Sarebbe opportuno porre domande "aperte" (quelle che cominciano con "Che cosa...", "Dove...", Chi...", Come..." e danno spazio alla libera spiegazione del pensiero) invece di fare domande "chiuse" (che presuppongono come risposta un "sì" o un "no"). Ovviamente bisogna evitare di porre al figlio troppe domande in successione così da confonderlo e da farlo sentire sotto interrogatorio;
- condividere col figlio i propri pensieri e le proprie idee con appropriate spiegazioni, ma senza esprimere giudizi netti e definitivi. Così si trasmettono valori e principi che appaiono più attraenti rispetto a quelli imposti dal genitore. Appare evidente che se il genitore si confida abitualmente con il proprio figlio questi molto più facilmente si confiderà con lui;

- ammettere i propri limiti. Quando il figlio fa una domanda al genitore e questi non sa rispondere è meglio riconoscere i propri limiti, piuttosto che dargli risposte a caso. Questa situazione può diventare un'occasione propizia per insegnare al figlio come cercare la risposta ad esempio utilizzando un'enciclopedia o internet. Un caso simile riguarda la perdita di pazienza del genitore. Sarebbe opportuno, quando il genitore si arrabbia in maniera esagerata, scusarsi e commentare il proprio comportamento, dando così al figlio un esempio della gestione della rabbia;
- dare al figlio le informazioni richieste. È necessario verificare previamente se le risposte fornite siano adeguate all'età del figlio e alla sua comprensione dell'argomento esposto. Il genitore dovrebbe incoraggiarlo a porre domande e lasciare che da solo tragga le sue conclusioni per poi confrontarle con le proprie, aggiungendo magari un piccolo commento.

Prima o poi in tutte le famiglie si presentano momenti conflittuali, perciò è importante imparare a smorzare i toni della comunicazione per riportarla ad essere efficace. Ecco alcuni suggerimenti pratici di cose da fare:

- affrontare un problema alla volta per non rischiare di perdere di vista il problema di fondo;
- trovare un modo creativo per affrontare il problema. Il genitore deve considerare che ci può essere più di una soluzione ad un singolo problema: si tratta solo di trovare, insieme al figlio, quella che accontenta entrambi. Procedere in questo modo fa sì che si impari ad essere più flessibili;
- agire con garbo. Non si deve dimenticare che i figli meritano rispetto: bisogna imparare a controllarsi anche durante una conversazione conflittuale evitando di dire cose che potrebbero ferirli;
- fare riferimenti più a se stesso che all'altro, usando la comunicazione assertiva. Ad esempio, sarebbe meglio far notare al bambino "Mi sento sconfortato quando lasci le tue cose sparse in tutta la stanza, nonostante tante promesse di metterle a posto" invece di dire "Non metti mai in ordine le tue cose!". Usando questo tipo di comunicazione si danno informazioni sul proprio stato d'animo conseguente al

comportamento del figlio, anziché accusarlo. Questo atteggiamento aumenta nel bambino la responsabilità per le proprie azioni e lo porta a esprimere liberamente i propri stati d'animo, senza sensi di colpa;
- essere pronti a perdonare. È bene che il genitore insegni al proprio figlio ad essere disponibile al perdono, dandogli l'esempio in tal senso.

Tra i comportamenti che bisogna evitare nella comunicazione con il bambino possiamo indicare i seguenti:
- brontolare e fare sermoni. Meglio comunicare con frasi brevi e chiare ciò che si vuole, senza costruire discorsi complessi che introducono diverse argomentazioni. È inutile ribadire i concetti più del necessario: un concetto espresso in maniera chiara non ha bisogno di essere ripetuto una seconda volta;
- interrompere il suo discorso e commentare quanto detto. Meglio aspettare che abbia finito di esprimersi, prima di replicare;
- fare le critiche del bambino in pubblico, che spesso sono da lui percepite come punizione ingiusta e diventano motivo di vergogna. Se si deve far notare qualcosa di sbagliato, la critica dovrebbe spostarsi in un luogo privato/riservato, essere riferita alla circostanza precisa e non al figlio come persona;
- fare dei riferimenti generali agli errori del passato (ed es.: "Tu fai sempre così..."), in quanto questo tipo di critica ricorda al figlio la sua scarsa capacità di cambiamento/miglioramento, lo avvilisce piuttosto che motivarlo;
- cercare di controllare il figlio, manipolandolo. Questo tipo di controllo si rivela totalmente inefficace perché ricorda le sconfitte e valorizza la passività, invece di promuovere l'iniziativa e la voglia di affrontare nuove sfide;
- essere sarcastici o ridicolizzare. Questo comportamento ferisce il figlio e lo fa sentire rifiutato, non amato e inadeguato;
- minacciare. Le minacce non sono efficaci, perché quando la pressione esterna svanisce, l'impegno richiesto o imposto viene abbandonato;

- mentire. Le menzogne distruggono la fiducia del figlio e mettono in dubbio la veridicità delle affermazioni precedenti. L'onesta dei genitori incoraggia nei figli un comportamento analogo;
- minimizzare l'importanza del vissuto del figlio. Mettendo in dubbio il racconto del vissuto del figlio, si nega il suo diritto a essere un partner nel discorso. Il figlio va accompagnato nella narrazione dei fatti, cercando di trovare insieme a lui il significato esperienziale del vissuto, consolandolo nei momenti di sconforto e facendogli sentire, nonostante tutto, un constante sostegno.

2.2. L'efficacia comunicativa

Comunicare in modo efficace non elimina ostacoli o problemi dalla vita quotidiana, ma costituisce un valido aiuto per gestirli in modo costruttivo. Crea spazio per una collaborazione basata sulla conoscenza reciproca, che si rivela un valore insostituibile nei momenti di crisi relazionale. Nelle famiglie dove questo principio si applica, i genitori stimolano i figli, anche i più piccoli, ad esprimere le loro idee. Agiscono come degli allenatori facendo emergere le idee di tutti, dal più giovane al più grande, ed ogni contributo viene rispettato poiché considerato un valido apporto nella ricerca del bene comune. Un approccio di questo genere favorisce l'intraprendenza e la fiducia reciproca, la flessibilità e la disponibilità alla negoziazione, atteggiamenti che facilitano l'adattamento alle varie situazioni che richiedono queste qualità.

Occorre tenere presente che per poter comunicare in modo efficace non si deve per forza condividere le vedute e le scelte degli altri membri della famiglia, ma semplicemente accettare che ogni percezione è relativa e soggettiva. La consapevolezza che gli altri possono vedere elementi della realtà che noi non vediamo, può diventare stimolo per approfondire il nostro punto di vista e arricchire così la reciproca comprensione.

La comunicazione diventa inefficace quando è ambigua, distorta. In questo modo essa finisce per generare ansia, confusione e fraintendimenti. Adottando quest'ottica, i membri della famiglia si muovono in base a false premesse o a tentativi di "leggere il pensiero" che possono generare interpretazioni errate, mistificazioni e inibire la capacità di affrontare la situazione in maniera appropriata. La comunicazione inefficace è ridondante, ripetitiva, non aggiunge nulla di nuovo e impedisce l'espressione creativa e libera del proprio pensiero.

Nelle famiglie dove non si comunica in modo adeguato vi è una propensione al biasimo, all'attacco personale o alla creazione di capri espiatori. I pensieri, le emozioni e i sentimenti differenti dalla posizione maggioritaria non trovano diritto di cittadinanza, diventando spesso barriere che separano. Non di rado si evita il confronto, appellandosi al "quieto vivere", oppure le interazioni assumono caratteristica di "scontro", non producendo cambiamenti propositivi ma piuttosto quelli opposti. Talvolta si osserva come in alcune famiglie si preferisca dare un'immagine positiva di sé, ad "apparire" piuttosto che ad "essere", a discapito dell'autenticità e delle preziose differenze individuali. In un contesto famigliare dove i non detti diventano predominanti, si erigono barriere, si creano distanze e sofferenze; i temi taciuti diventano indicibili e i silenzi sigillano l'incapacità a comunicare.

Un valido alleato della comunicazione efficace è l'umorismo. È dimostrato che esso aiuta le famiglie a far fronte alle difficoltà, abbassa il livello della tensione e dell'ansia, può favorire il dialogo poiché mette gli altri a loro agio e soprattutto permette di vedere le cose da una prospettiva diversa, più positiva. Inoltre, l'umorismo aiuta ad alleggerire i carichi pesanti, permettendo ove possibile di cogliere il lato comico e paradossale delle cose. A volte attraverso l'umorismo le persone dello stretto cerchio famigliare si lasciano andare ad osservazioni che, dette in un altro modo, potrebbero risultare sgradevoli. In questo contesto, si fornisce all'altro una preziosa informazione di ritorno, ma senza appesantirla del giudizio immediato che spesso potrebbe condurre verso un confronto diretto.

La comunicazione inefficace non ricorre all'umorismo per sdrammatizzare situazioni di tensione, bensì utilizza il sarcasmo. Esso è una forma di umorismo "apparente" utilizzato per esprimere rabbia, squalifica, disprezzo o crudeltà, per schernire, giudicare, criticare aspramente, per umiliare e prendersi gioco degli altri. Mentre l'umorismo autentico provoca una risata condivisa, il sarcasmo è ridere dell'altro.

La comunicazione efficace nel seno della famiglia presuppone molto lavoro e pratica: i genitori dovrebbero fare lo sforzo di comunicare efficacemente con i propri figli fin dall'infanzia, insegnandogli le modalità di una corretta comunicazione, garantendogli un'accoglienza incondizionata e autentico ascolto, che diventano in seguito veicoli di una relazione famigliare più positiva, meno stressante e ricca di fiducia.

2.3. Le difficoltà della comunicazione in famiglia

Le dinamiche famigliari influiscono sui figli e sul loro modo di comunicare, soprattutto durante le prime fasi della vita (infanzia, fanciullezza) ma anche successivamente, nella formazione della personalità, nella costruzione dei primi attaccamenti e nell'acquisizione dei ruoli sociali. Ogni famigliare dovrebbe avere un ruolo chiaro sia a livello comunicativo che emotivo. Nel mondo di oggi sostenere questo ruolo non è facile perché, tendenzialmente, ognuno cerca di crearsi un posto nel mondo, cerca di differenziarsi facendo le proprie scelte di vita, sviluppando le potenzialità che ha riconosciuto proprie. Nel compito di educare e crescere i propri figli, la presenza di una buona comunicazione è essenziale nel percorso educativo, ma appare anche utile a rafforzare e rendere più armonico e sincero il legame genitori-figli. Attraverso una comunicazione efficace la famiglia diviene uno spazio privilegiato in cui stimolare la creatività, il ragionamento, la risoluzione dei problemi in autonomia, avvalendosi delle risorse interne del figlio. Per prima cosa bisogna accettare e rispettare la personalità dei figli, aiutarli a sviluppare "se stessi" senza troppe proiezioni e, in secondo luogo, "imparare ad ascoltare". L'ascolto, infatti, ha come obiettivo l'apertura alla comunicazione perché attraverso l'ascolto si mostra reale interesse per il messaggio dei figli, senza esprimere giudizi e pareri imposti da parte degli adulti.

A volte la comunicazione fra genitori e figli può diventare difficile. I genitori possono sentirsi insicuri, poco informati, e i figli possono sentirsi incompresi, non ascoltati e incapaci di trovare argomenti da condividere con i genitori. È proprio dai genitori, arricchiti dalle esperienze della vita, che ci si aspetta una maggiore flessibilità nella scelta delle modalità comunicative. Mantenere inalterato il rapporto instaurato con i figli dall'infanzia, rischia di portare incomprensioni e continue ed esasperate richieste o provocazioni da parte loro, con il rischio di compromettere il dialogo e di incrinare i legami precedentemente stabiliti. Il rapporto con i figli va modificato man mano che crescono. Una costante di questo cambiamento è proprio la capacità di comunicare con loro in modo autentico. Una comunicazione soddisfacente avviene attraverso l'ascolto attivo e permette ai genitori di conoscere le priorità dei loro figli e i loro punti di vista. Tale ascolto non dovrebbe essere giudicante, così da capire le reali richieste e aspettative dei figli. Nella famiglia, proprio l'ascolto, il dialogo e il confronto rappresentano mezzi per creare fiducia reciproca, affetto e senso di appartenenza.

Purtroppo non sempre le famiglie riescono a usare questi mezzi in maniera efficace, ma lasciano prevalere le strategie dannose. Ne elenchiamo alcune:

- la strategia dell'occultamento. Wynne (1972) descrive questo meccanismo quando un membro della famiglia si pone in una posizione di superiorità, affermando di saperne di più o possedere in esclusiva delle informazioni utili, ma di non poter rivelare tutta la verità, tenendo altri famigliari all'oscuro. Questo crea una situazione di dipendenza da questa persona. Altri famigliari si rendono incapaci di svincolarsi o prendere decisioni in maniera del tutto indipendente. Mantenere dei segreti, infatti, garantisce un forte potere e la possibilità di tenere sotto scacco l'altro;

- la strategia del silenzio. Secondo Zuk (1965) si tratta di manovre, verbali e non verbali, mirate a punire qualcuno per una trasgressione. Ciò avviene attraverso isolamenti e silenzi che proibiscono la comunicazione. Spesso si tratta di una tattica messa in atto da figure femminili all'interno di famiglia.
- il negoziato della dissociazione. Wynne e Singer (1963) lo descrivono come modo di comunicare in cui ognuno attribuisce all'altro un certo modo di sentire, che non solo in realtà corrisponde alle parti più regressive di sé, ma non viene riconosciuto come proprio (viene dunque dissociato). Questo avviene a livello inconsapevole tra i protagonisti di una relazione ed è dovuto a sentimenti che, se riconosciuti come propri, sarebbero intollerabili. Ad esempio, un membro della famiglia può dissociare il proprio sentimento di rabbia e attribuirlo a un altro membro, il quale a sua volta attribuirà all'altro una componente di sé inaccettabile, come un'estrema insicurezza. Ognuno concentra l'attenzione sulle parti più immature dell'altro (che in realtà sono le proprie) e vi offre sostegno, amplificandole, pur di sentirle lontane da sé.
- la pseudomutualità. Per Wynne (1958) questa è una modalità comunicativa e relazionale attraverso cui i membri della famiglia si sforzano di mantenere un'apparente coesione. Vengono dunque compromesse le singole individualità e i conflitti vengono evitati perché considerati distruttivi. Le differenze vengono percepite come pericoli per la relazione e dunque evitate. I membri della famiglia sono costretti ad assumere dei ruoli fissi a volte alternandosi. Questo crea la paura delle differenze e compromette fortemente un percorso sano di crescita dei figli.

La consapevolezza della presenza di questi meccanismi comunicativi disfunzionali in famiglia può stimolare i suoi membri a instaurare un rapporto più rispettoso, lasciando all'altro la libertà di esprimere la sua individualità e rinunciando alle pressioni e ai giochi di potere.

2.4. La crisi nella coppia genitoriale e la comunicazione

La comunicazione nell'ambito famigliare, pur ritenuta essenziale e importante, spesso è considerata un fatto naturale di cui nessuno deve prendersi particolare cura. Si rende evidente come essa assume valenza positiva/funzionale quando gli elementi in gioco si integrano tra di loro in modo armonico e si muovono verso la stessa direzione stabilita e condivisa dai membri della famiglia. Nel caso di un conflitto famigliare, diventa chiaro come il processo comunicativo assume valenza negativa/disfunzionale quando gli elementi in gioco si mescolano tra di loro in maniera disarmonica e tendono verso direzioni non condivise, spesso dissonanti, creando un caos relazionale. Sono proprio le crisi famigliari a mettere a nudo il fatto che la comunicazione richiede attenzione, cura e consapevolezza.

Se immaginiamo la comunicazione famigliare come un ponte che collega le persone, il materiale che lo costruisce possiamo paragonarlo ai diversi mondi/stili relazionali che caratterizzano i membri della famiglia. La solidità e la resistenza di questo ponte umano dipendono da differenti elementi in gioco, come la capacità di ascolto, la natura delle emozioni personali, le credenze/convinzioni di ciascuno, gli automatismi sviluppati nel corso della vita da ogni famigliare, le loro aspettative individuali, la capacità di collaborazione con altri, le paure, le delusioni, le speranze. Quando questi elementi coesistono armonicamente, il ponte è stabile, ma quando creano dissonanza, il ponte si rivela fragile. Ad un certo punto della vita comune, in situazioni di crisi importanti, molte coppie si trovano a muovere i loro passi sopra questo ponte fragile: il loro sistema comunicativo diventa una gabbia di dolore, un "luogo" insicuro, dove relazione e contenuto entrano in contrasto tra di loro.

La crisi in una coppia rivela la pregressa, strisciante mancanza di comunicazione e, viceversa, la scarsa comunicazione diventa una spia della possibile imminente crisi relazionale. Alcune crisi nascono dal fatto che nel corso del tempo uno o ambedue i protagonisti della relazione cambiano interiormente e lo esprimono non con le parole, nella comunicazione aperta, ma già con le scelte delle preferenze maturate nel proprio cuore, che spaventano, confondono o, addirittura, disgustano il/la partner.

Nella vita di coppia inizialmente è più facile concentrarsi sugli aspetti positivi e rimuovere difetti ed incompatibilità. Solo dopo un certo tempo questi ultimi iniziano a farsi notare, e a quel punto l'altro appare diverso da come lo si credeva, quasi fosse cambiato. In realtà non è forse cambiata in maniera drastica la persona, ma è cambiato drasticamente il modo di percepirla.

Se nella coppia non si crea lo spazio per un'autentica e sincera comunicazione, strada facendo, non si accettano e non si metabolizzano i cambiamenti reciproci. Il divario che si crea tra le persone le divide in universi relazionali paralleli. Se si crea una divergenza che esprime profonda incompatibilità, il raggiungimento di un punto d'incontro capace di ridurre tensioni, lenire dolori, calmare paure diventa difficile, se non impossibile. Così le paure, i dolori, le tensioni diventano sempre più dominanti, la distanza si fa sempre più importante e la possibilità di sperimentare il vero incontro si trasforma in una meta impossibile da scrutare, qualcosa di impraticabile, qualcosa che non esiste.

In altri casi la crisi di coppia viene a galla quando emergono dei problemi che esistevano fin dall'inizio, ma che non si volevano vedere e affrontare: è un momento di disillusione. Quando una relazione di coppia nasce, generalmente si tende a vedere l'altro non come veramente è ma come lo si desidera, si proiettano sul/sulla partner i propri desideri, aspettative, pregiudizi. Si dà credito alle aspettative circa la vita insieme con il/la partner, sempre poco realistiche, ma spesso fissate in maniera indelebile nell'immaginario comune che fanno credere che:

- esista l'uomo o la donna perfetta, che può diventare il/la partner ideale;
- i rapporti affettivi rimarranno immutati negli anni e conservati nel loro carattere iniziale senza nessuno sforzo dei protagonisti;
- l'amore sia in grado di far capire e accettare tutto;
- il/la partner sia sempre pronto/a ad esaudire ogni desiderio e a soddisfare ogni esigenza;

- il/la partner possa modificare il proprio carattere fino ad adattarsi interamente alle esigenze di vita comune;
- la sessualità, l'amore e la felicita siano sempre collegati l'uno all'altra;
- la coppia sia sufficiente a se stessa e nei momenti difficili trova risorse interne per rigenerare il rapporto incrinato.

Quando queste illusioni si scontrano inevitabilmente con la realtà di vita, è allora che cambiano i modi di agire e le due persone in coppia, inizialmente in sintonia, iniziano ad allontanarsi: questo produce stress, delusione, fraintendimenti ecc. Si fanno strada una percezione di smarrimento e la paura di cadere, da un momento all'altro, in un profondo baratro. La paura confonde le menti, paralizza i passi, oppure, al contrario, muove verso azioni precipitose, offensive, pregiudizievoli, lesive.

La coppia in crisi si trasforma in due individui antagonisti, soli, spaventati e spesso confusi. Si insinuano, nella solitudine individuale, domande che provocano disagio, inquietudine e dolore. Emergono silenziose domande come: "Chi siamo noi adesso?"; "Cosa siamo stati?"; "Cosa sarà di noi?"; "Si può andare avanti così?". Esse guidano gli individui verso la ricerca di una nuova identità. Il tentativo di trovare risposte soddisfacenti, appaganti, si traduce spesso in un lungo e tortuoso percorso dominato dalla percezione della frustrazione del bisogno e poco orientato alla ricerca di una soluzione funzionale condivisa, rispetto al disagio provato e alla tentazione di troncare il rapporto. Il "noi" perde i contorni, l'immagine d'insieme diventa sfumata e difficile da visualizzare.

La stessa cosa accade alla percezione di sé come persona inserita in un nucleo famigliare più ampio. Nel tentativo di ricostruire un'immagine dai contorni più definiti, i bisogni di ciascuno tendono a dominare sull'altro, generando caos e conflittualità. Il bisogno di sicurezza, di appartenenza, di conforto, di amore, si trasforma in accuse, in dolore, in rabbia verso l'altro, considerato l'artefice, il responsabile del proprio malessere, coerentemente alla tendenza umana di trovare fuori di sé le motivazioni della propria condizione. I bisogni si traducono in pretese, in posizioni rigide, in sfide.

Vengono espressi comportamenti che vogliono dare forma al tentativo di autoaffermazione, di ricostruzione di sé. In questa dimensione il caos domina, le percezioni risultano essere alterate. Si perde il contatto con la realtà circostante, si perde di vista il vero interesse personale e non si pensa alla protezione di chi, nel contesto famigliare, è più debole. In questa fase possono essere espressi comportamenti lesivi per sé e per altre persone significative, tra cui i figli.
Quando il processo comunicativo disfunzionale nella coppia genitoriale si rende manifesto, investe anche i figli. Essi esprimono il forte disagio in diversi modi, quali per esempio:

- disturbi del comportamento (si possono presentare l'aggressività, la crudeltà verso gli animali, l'iperattività, i comportamenti violenti contro di sé e gli altri, l'inibizione);
- disagi nell'area emotiva (come ansia, rabbia, depressione, scarsa autostima);
- difficoltà a scuola (le difficoltà a scuola si manifestano attraverso disturbi dell'apprendimento e scarso profitto scolastico);
- sintomi psicosomatici (come mal di testa o di stomaco, difficoltà a dormire o a concentrarsi, perdita di appetito e senso di tensione).

I figli si ritrovano coinvolti in dinamiche che non gli appartengono, respirando l'aria insana del conflitto famigliare. I genitori di frequente mettono in atto comportamenti manipolatori, richieste di responsabilità eccessive, ricatti emotivi. Con il passare del tempo, il conflitto genitoriale diventa parte integrante del vissuto personale dei figli, che si ritrovano, quasi senza rendersene conto, a far parte attiva delle dinamiche conflittuali, sperimentando l'angoscia, il dolore, le paure e il desiderio di rivalsa dei loro genitori. Vengono da loro strumentalizzati per assecondare un desiderio intimo di autocompiacimento, di far del male all'altro coniuge, di aver ragione a ogni costo. Nel gioco delle alleanze duali, in un'invischiante vicinanza emotiva con uno dei genitori, un figlio può rivestire ruoli impropri, come ad esempio quello di suo complice, protettore o confidente ideale. I genitori si screditano a vicenda, si sviliscono, nel tentativo di portarlo dalla propria parte, per garantirsi un amore esclusivo e indurre l'odio per l'altro genitore, con lo scopo di ottenere una piena assoluzione per sé e la condanna per l'altro.

Per capire il danno che un conflitto può comportare ai figli delle coppie in crisi bisogna tener conto sia della sua intensità che della sua durata. Il momento peggiore è sicuramente quello quando la rabbia e l'amarezza giungono all'apice e i figli vivono situazioni infervorate spesso non sentendosi al sicuro, vedono cadere nelle loro rappresentazioni mentali quelle figure dei genitori che dovevano proteggerli. Per i figli, in questi momenti di conflitto, vivere la quotidianità nella loro famiglia diventa un'esperienza sempre più negativa in quanto l'atmosfera di tensione trasforma l'ambito famigliare in un terreno di lotta continua dove non c'è più spazio per la tolleranza e la comprensione.

In tutto ciò, la mancanza di calore e l'ipocrisia quotidiana che si riscontra nel nucleo famigliare in crisi provoca nel figlio un desiderio di fuga da questo malessere e lo porta a cercare altrove ciò che la famiglia non offre. Sempre più importante, come punto di riferimento alternativo, diventa il gruppo dei coetanei. A volte la ricerca di appartenenza si conclude con l'adesione alle gang giovanili, dove il consumo di alcool, marjuana e altre sostanze diventa un fattore aggregante e un rito comune. La situazione conflittuale in famiglia, subita in prima persona dal figlio che non ha altra scelta che quella di rimanere in casa, spesso lo rende un "perenne bambino", mai abbastanza adulto per cavarsela da solo. Dinamiche patologiche, queste, che potranno interferire sulla sua possibilità di costruire relazioni affettive appaganti, di diventare autonomo ed emanciparsi dalla propria famiglia di origine.

Ogni coppia affronta la crisi in base ai propri stili di comportamento. Il conflitto è una situazione che innesca emozioni forti. I coniugi non discutono soltanto intorno al contenuto del conflitto, ma soprattutto rispetto alle regole relazionali che il singolo scontro racchiude. Le componenti relazionali della discussione, sebbene all'origine degli scontri, rimangono inespresse e di conseguenza le lotte si susseguono.

Tra i temi centrali dei litigi troviamo la fiducia, la qualità della comunicazione, il potere, la partecipazione reciproca ai processi decisionali, anche nei confronti dei figli, ecc. Diviene dunque fondamentale far emergere i nodi sottostanti le discussioni al fine di evitare che il conflitto si cronicizzi. Quando la tensione diviene insopportabile si tende ad attaccare la fonte del disturbo nel tentativo di primeggiare (il litigio distruttivo) o si tenta l'allontanamento (l'evitamento).

L'escalation distruttiva dello scontro di coppia ha luogo quando si passa dal discutere di aspetti pratici a veri e propri attacchi personali. Questo stile di gestione del conflitto si fonda su un innalzamento progressivo di negatività, per cui un coniuge risponde all'altro in modo sempre più negativo ad ogni scambio, fino a che uno dei due non si ritira, lasciando il campo pieno di tensione e, di fatto, pronto per nuovi scontri.

L'altra dinamica dei conflitti di coppia, infatti, è caratterizzata dall'evitamento/fuga. Sfuggire alcuni argomenti "caldi" in un rapporto non è necessariamente una strategia errata. Dirsi tutto, sempre, in qualsiasi momento, è una modalità irrealistica di relazione. Quindi evitare, a volte, può dare il tempo per una più equilibrata riflessione e favorire il mantenimento dell'armonia. Diverso il discorso nel momento in cui l'evitamento diventa una modalità standard di uno dei coniugi, specie se conseguente ad una richiesta di aiuto, di spiegazione o di collaborazione da parte dell'altro. Se la sequenza "richiesta-evitamento" diventa una modalità stabile nelle coppie, essa può provocare danni ingenti alla relazione e diventa spia rivelatrice dell'assenza di un obiettivo e di un interesse comune.

Anche nelle famiglie dove non vi sono esplosioni plateali di aggressività i coniugi comunicano sempre meno e, se lo fanno, i loro colloqui spesso hanno come unico riferimento la gestione delle necessità materiali o logistiche della vita quotidiana.

In questo contesto, il sistema famigliare perde l'equilibrio e può ritrovarsi sull'orlo del precipizio. Se all'interno della famiglia, nel processo comunicativo tra i suoi membri, e nella vita di ciascuno di essi, non interverranno elementi positivi funzionali, l'esperienza di dolore, di autocommiserazione, di rabbia, di insicurezza, di sconfitta, domineranno l'esperienza di vita di tutti, compromettendo o distruggendo un possibile futuro insieme. Se invece i momenti di crisi vengono affrontati consapevolmente, potrebbero rappresentare anche un cambiamento evolutivo e di crescita, un'occasione per ricostruire relazioni all'interno del gruppo famiglia. L'esito costruttivo del conflitto è dato da un atteggiamento di cura verso la relazione e il legame che unisce le persone e i loro sentimenti. È importante capire che non vi siano soluzioni "rapide" per la gestione dei conflitti. Le coppie soddisfatte del rapporto sembrano essere in grado di comunicare e adottare un atteggiamento di impegno "a lungo termine" nella relazione. Questo consiste nella capacità dei partner di guardare oltre lo scontro momentaneo, evitando di reagire agli attacchi con attacchi, e di trasmettere all'altro come per la persona sia più importante il legame che il momentaneo beneficio personale. Una coppia, in definitiva, funziona nel momento in cui sa scommettere rischiando sull'importanza del rapporto, pensandolo come qualcosa per cui valga la pena lottare. Seguendo le intuizioni di Luca Monasterolo (*10 passi per la gestione del conflitto*. In: https://www.monasterolo-psicologotorino.it/gestione-conflitto/), elenchiamo i 10 passi che possono permettere di trasformare il conflitto in un momento di crescita nella relazione:

1. rimanere focalizzati sull'oggetto del problema;
2. esplicitare il conflitto, descrivere il problema;
3. evitare di pensare di eliminare l'altro per risolvere il problema;
4. prendere tempo, non reagire subito (reazioni di attacco, fuga e immobilizzazione non sono utili per gestire il conflitto). Passare da una logica reattiva ad una logica comunicativa;
5. mantenere una comunicazione rispettosa. Ascoltare, senza interrompere, l'altro per conoscere i suoi pensieri ed opinioni sul problema;
6. rispettare i contenuti e i confini del conflitto. Non generalizzare;
7. permettere di esprimere liberamente una critica. La critica deve essere però limitata al comportamento oggetto del conflitto, non alla persona. Più si rimane focalizzati sui comportamenti, più è facile trovare opzioni o permettere all'altro di trovarle;

8. garantire il diritto al dissenso – dare a se stessi e all'altro/a la libertà di dire di "no". Essere compiacenti non è un modo utile di gestire la conflittualità, la copre solamente;
9. identificare i bisogni sottesi. Passare dall'attacco all'empatia. Dietro la rabbia spesso si nasconde la paura (ad esempio la paura di non essere importanti o di essere rifiutati);
10. individuare strategie sulla base di interessi comuni. È un compromesso che soddisfa entrambi. Se uno dei due rimane sconfitto, si prepara il terreno per la vendetta successiva. Il compromesso può durare solo se c'è una parte di soddisfazione comune.

Grazie a queste strategie, il recupero del rapporto è possibile, purché entrambi i partner, e in un certo senso ogni membro della famiglia, si impegnino a fondo in un dialogo aperto e sincero (Marroncle, 1992).

3. La comunicazione nonviolenta: uno stimolo per dialogo in famiglia

In famiglia è essenziale una comunicazione ricca di comprensione, in grado di creare spazio di ascolto delle esigenze e dei bisogni di ognuno dei suoi membri. Un valido apporto per raggiungere questo obiettivo lo può fornire la cosiddetta comunicazione nonviolenta, chiamata anche comunicazione collaborativa (o "linguaggio giraffa"). È un metodo comunicativo basato sulla comunicazione empatica promosso da Marshall B. Rosenberg (1936-2015), psicologo clinico americano formatosi con Carl Roger (padre del counseling). "La comunicazione nonviolenta si basa su abilità di linguaggio e di comunicazione che rafforzano la nostra capacità di rimanere umani, anche in condizioni difficili" (Rosenberg, 2017, 21). Il metodo favorisce l'ascolto e l'empatia nelle relazioni interpersonali, con il risultato di stimolare la nascita della fiducia tra le persone e trasformando le incomprensioni e le situazioni di tensione in una possibilità di dialogo e pacifico confronto (Faure, Girardet, 2017, 50-51).

Marshall B. Rosenberg spiega: "Quando il tuo dialogo interno è incentrato su un linguaggio della vita, sarai in grado di focalizzare la tua attenzione sulle azioni che potresti intraprendere per manifestare una situazione che soddisfa i tuoi bisogni insieme a quelli degli altri. Quando la nostra richiesta non è un ordine ma è la proposta di una soluzione possibile, saremo capaci di accettare la risposta dell'altro, qualsiasi essa sia, e permetteremo all'altro di esprimere con chiarezza i suoi sentimenti e bisogni e di farci a sua volta una richiesta che ci lasci la libertà di non essere d'accordo e di cercare insieme la soluzione migliore per entrambi" (Rosenberg M. B. in: https://www.cnvc.org/node/6856). Egli vede la comunicazione nonviolenta come "linguaggio naturale di ogni essere umano" che permette di parlare, pensare ed agire con empatia, compassione e comprensione, rendendo così migliore la qualità della vita di tutti.

Partendo dal presupposto che molte persone non abbiano imparato a riconoscere i propri sentimenti e i propri bisogni, perché fin da piccoli sono stati educate a compiacere gli altri e hanno reagito obbedendo per paura di un castigo o per ricevere un premio ed essere accettate ed amate, oppure ribellandosi, litigando o prevaricando sugli altri, Rosenberg sottolinea che tutto ciò porta tanti a comunicare con una violenza sottile, che comporta la chiusura dell'interlocutore o addirittura provoca un attacco verbale fatto di sarcasmo e di parole che implicano un giudizio. Volendo comunicare in maniera nonviolenta è necessario aver compreso ed accettato se stessi per comprendere ed accettare l'altro (Rosenberg, 2011, 52). Pertanto la comunicazione nonviolenta intende trovare un modo, così che ogni persona ottenga ciò che per lei è davvero importante, senza suscitare sensi di colpa, l'umiliazione o la vergogna, senza ricorrere al biasimo, alla coercizione o alla minaccia. Libera dalle abitudini e dai condizionamenti inconsapevoli, aiuta ad usare parole che riconciliano e trovano soluzioni benefiche, invece di usare parole che giudicano, separano e aumentano il conflitto. È utile per risolvere i conflitti, trovarsi in sintonia con gli altri e vivere in armonia con le necessità profonde e genuine che ci appartengono. Diventa così uno strumento semplice e potente il cui obiettivo è la connessione con sentimenti e bisogni propri e altrui nell'intento di creare relazioni più sincere, oneste e di qualità.

Rosenberg, spiegando i metodi di comunicazione efficace, distingue due tipi di linguaggio: "linguaggio dello sciacallo" e "linguaggio della giraffa". Con questi termini si riferisce ai pupazzi-marionette (sciacallo e giraffa) che utilizzava nei seminari e conferenze da lui organizzati per rendere chiaro in un modo divertente la differenza tra linguaggio abituale e linguaggio naturale.

Il linguaggio che esprime un parere di giudizio e condanna è chiamato "linguaggio sciacallo". Questo animale, che si nutre di carogne, viene usato come simbolo di quella parte di noi che pensa, parla e agisce in modi che ci separano dai nostri sentimenti e bisogni e ci allontanano da quelli altrui.

Invece, il linguaggio che non giudica, che cerca di comprendere, che esprime ciò che detta il cuore ed è l'espressione dei bisogni più profondi, è definito come "linguaggio giraffa" (utilizza l'immagine di un animale con un lungo collo che gli permette di avere un'ampia visione e che allude alla lungimiranza nella valutazione delle conseguenze

dei propri pensieri, parole e azioni; la giraffa ha anche il cuore più grande tra i mammiferi terrestri, diventando così un simbolo di nonviolenza).
Rosenberg diceva che lo sciacallo rappresenta un modo di comunicare scollegato dalla vita, mentre la giraffa comunica con l'intenzione di connettersi a sé e all'altro. Ricordava anche che ogni sciacallo è una giraffa con problemi di comunicazione. Mettiamo a confronto questi due tipi di linguaggio.

Il "linguaggio sciacallo" è un linguaggio che giudica e pretende. Uccide ogni creatività e suscita paura. Il modo di parlare di uno "sciacallo" può provocare e/o aumentare la violenza altrui. Utilizza affermazioni che non permettono alcuna scelta alla persona a cui si riferisce. Spesso si serve delle frasi: "Bisogna fare così!", "Devi, che ti piaccia o no!", "Ciò che si deve fare è ...", "Non c'è niente da fare, le cose stanno proprio così!", "Non voglio!", "Fermati, basta!", "Non puoi pensare questo!".
L'utilizzo di questo tipo di linguaggio serve a:

- rimproverare/minacciare. Esempio: "Vai subito a pulire la tua stanza! Dove credi di vivere? In un porcile? Se non lo fai vedrai cosa ti succede!";
- giudicare/criticare. Esempio: "Sei una persona insensibile quando ti comporti così";
- dare consigli non richiesti. Esempio: "Invece di andare al cinema, oggi, è meglio se studi, altrimenti ti succede come l'altra volta, che hai preso un brutto voto!";
- incolpare. Esempio: "Mi fai stare male quando non torni a casa prima della mezzanotte";
- negare le proprie responsabilità e/o attribuire ad un'altra persona la responsabilità delle proprie azioni. Esempio: "Si doveva fare così!"; "In questa situazione ero costretto ad agire così! Non c'era altra scelta!"; "Ho cominciato a fumare perché tutti miei compagni di classe fumano";
- costringere a un certo tipo di azione/comportamento. Esempio: "Vorrei che tu mi amassi di più"; "Mamma, mi vuoi bene, vero? Sicuramente ti sei accorta che mi si è rotto il cellulare e me ne serve uno nuovo!";

- punire/premiare. Esempio: “Ieri non hai voluto venire con me al raduno e oggi io non ho voglia di andare con te al cinema”; “Hai pulito la stanza quindi ti meriti un gelato!”.

Il “linguaggio giraffa” è un linguaggio di amicizia. È a beneficio sia di chi parla sia di chi ascolta. Non è motivato dall’irritazione, dalla paura, dalla colpevolezza, dalla vergogna, dal desiderio di essere ricompensato, né da nessun’altra motivazione negativa. È incentrato sul chiedere con garbo laddove il “linguaggio sciacallo” costringe e pretende.

Quando usiamo il linguaggio giraffa per ascoltare i bisogni più profondi, nostri ed altrui, percepiamo le relazioni in un modo più costruttivo. Non è necessario che gli altri con cui conversiamo siano a conoscenza del metodo e neppure che vogliano relazionarsi con noi in modo empatico, se impariamo ad utilizzarlo correttamente è facile che gli altri si uniscano a noi in un processo di riconoscimento empatico.

Lo scopo di tale linguaggio in ottica di comunicazione nonviolenta è sostanzialmente quello di entrare in sintonia con l’altro e si basa su quattro punti chiave:

1. Osservare e non giudicare: si tratta di dire ciò che si osserva senza contaminare le affermazioni con giudizi o valutazioni proprie. Ecco degli esempi di come una “giraffa” potrebbe modificare la frase di uno “sciacallo” per ottenere un’osservazione. La frase “Con questo che dici mi fai annoiare” [sciacallo] può trasformarsi nella dichiarazione “In questa situazione le tue argomentazioni sono state più di una volta poco attrattive” [giraffa]. Invece l’affermazione “I nostri vicini non tagliano mai il prato del giardino!” [sciacallo] può essere sostituita dall’osservazione “Ancora non ho visto il nostro vicino tagliare il prato” [giraffa]. Il giudizio “Tu mi fai arrabbiare facilmente” può essere sostituito dall’osservazione “Questa sera, in presenza dei figli, hai alzato la voce quattro volte”.
2. Esprimere i sentimenti: si tratta di dire ciò che si sente, fornendo informazioni esplicite sul proprio stato d’animo in relazione a ciò che si è osservato. Rivelare la

propria vulnerabilità e far conoscere i veri sentimenti non è semplice, ma è ancora più difficile rendere a parole le sensazioni. Spesso infatti ci accontentiamo di espressioni generiche ("Mi sento bene", "Mi sento male") oppure cerchiamo di usare sempre gli stessi pochi vocaboli per esprimere le emozioni e i sentimenti. Spezzare questo calco comportamentale è possibile cercando di associare correttamente i propri sentimenti ai propri bisogni ed esprimerli in maniera assertiva. In quest'ottica, l'affermazione "Io mi sento manipolato" [sciacallo] potrebbe cambiare nella frase "Non mi sento particolarmente a mio agio in questa situazione" [giraffa].

3. Chiarire a se stessi i bisogni che nascono dai sentimenti: si tratta di esprimersi in funzione di un bisogno, motivando i sentimenti che l'accompagnano. Un sentimento non è causato dalle parole o dai comportamenti altrui, nasce invece come conseguenza dell'"elaborazione interiore" di questi. La nostra cultura ed educazione sembra convincerci che se stiamo male è per colpa di qualcun altro e per stare meglio dovremo necessariamente pretendere il cambiamento del suo comportamento. Quando impariamo a pensare in termini di ciò che non va negli altri, invece di esprimere ciò che avviene in noi, la violenza emerge più facilmente. Espressioni come "io mi sento aggredito" "utilizzato", "umiliato", "ignorato", valutano ciò che fanno gli altri e non ciò che io sento. "Io sento che… che tu…", "Io mi sento… come se…", introducono spesso un giudizio, una diagnosi, e non esprimono un sentimento. Sono espressioni che appartengono al linguaggio sciacallo. D'altra parte, espressioni come: "Sto male", "Sto bene" sono, come detto sopra, troppo vaghe. Si potrebbe dire: "Ho paura", "Mi sento contrariato", "Non mi sento a mio agio", "Sono completamente demoralizzato" o "Sono delusa", ecc. Riportiamo alcuni esempi di affermazioni: "Manca un'ora all'inizio della conferenza e ti vedo camminare avanti e indietro (osservazione). Sei nervoso? (espressione del sentimento)"; oppure: "Vedo che il tuo cane corre abbaiando e senza guinzaglio (osservazione). Ho paura! (espressione del sentimento)". Quando si esprimono i giudizi, le critiche e le interpretazioni sugli altri, gli interlocutori a loro volta mettono tutta la loro energia per difendersi o contrattaccare. Si può spezzare questa nociva catena comportamentale cercando di associare correttamente i propri

sentimenti ai propri bisogni ed esprimerli in maniera assertiva. Ad esempio, la lamentela "Tu mi hai delusa perché quella sera non sei venuto" [sciacallo] diventa l'affermazione "Sono rimasta delusa che tu non sia venuto quella sera perché avrei voluto parlarti di cose che mi preoccupano" [giraffa].

4. Formulare richieste precise: si tratta di chiedere in modo diretto quello che desideriamo dall'altro con un linguaggio d'azione positivo, evitando di impiegare formule astratte o frasi fatte. È meglio proporre/descrivere le azioni che ci si aspettano dagli altri. Ad esempio, si potrebbe sostituire la frase "Mi piacerebbe che la mia opinione fosse presa in considerazione" [sciacallo] con la dichiarazione "Vorrei essere interrogato in questione, prima della votazione conclusiva" [giraffa]. Invece di dire "Mi piacerebbe conoscerti meglio" [sciacallo], che non chiarisce quale comportamento ci si aspetta dall'altro, sarebbe più opportuno dire "Mi piacerebbe conoscerti meglio, quindi sarei contento se potessimo andare insieme al cinema sabato prossimo" [giraffa]. Chiedere/domandare offre all'altro l'occasione di esercitare la propria generosità e di rendere una relazione più autentica.

È importante aggiungere che i quattro punti chiave sopraelencati sono sorretti da altrettanti principi fondamentali, che si esprimono attraverso:

- il rispetto sincero ed incondizionato per ogni persona;
- la ricerca della verità, altrimenti si costruisce un mondo finto in cui scatta la "violenza";
- il rifiuto delle ingiustizie, altrimenti si rischia di giustificare "linguaggi violenti";
- la lotta contro la sopraffazione del più forte, altrimenti si rischia di innescare una "spirale di violenza" che cerca di contrapporsi alla "non-violenza".

Il tutto permette di creare un ambiente in cui i famigliari collaborano in modo propositivo, sentendosi utili e sperimentando nuove soluzioni alle problematiche riscontrate.

Concludiamo le nostre considerazioni con alcuni suggerimenti che possono aiutare a migliorare il “linguaggio giraffa”:

- non usare il verbo essere in modo valutativo e categorico: “Sei sempre distratto!” [sciacallo], ma verbalizzare l’osservazione: “Ieri durante la riunione non hai prestato la dovuta attenzione” [giraffa];
- sostituire i verbi che sottendono una valutazione: “Il tuo atteggiamento è stato molto superficiale” [sciacallo] con la descrizione della propria percezione dell’atteggiamento: “Mi sembrava che durante il raduno dei genitori hai mostrato una certa superficialità” [giraffa];
- non considerare le proprie valutazioni come le uniche possibili: “Devi chiederti perché hai fatto questo” [sciacallo], ma suggerire un altro punto di vista: “Io mi porrei alcune domande, quali sono le priorità che vale la pena seguire?” [giraffa];
- non usare avverbi che portano a generalizzare i concetti: “Sei sempre negativo!” [sciacallo] ma cercare di usare affermazioni più morbide: “Durante la riunione mi sei sembrato disfattista” [giraffa];
- non utilizzare le parole “mai” (es. “Tu non mi ascolti mai!”) o “sempre” (es. “Da quando ti conosco fai sempre così”), ma tentare di rendere oggettive delle mere opinioni;
- non agire sulla base di punizioni e/o ricompense (Rosenberg, 2017, 39-49) e ricordare che la vulnerabilità che scaturisce da ogni tipo di comunicazione nonviolenta è un elemento favorevole: la sua esternazione va ricercata e promossa per favorire comunicazioni autentiche (Faure, 2016, 46);
- chiedere specificamente quello che si desidera in un determinato momento, invece di esprimere solo quello che non si vuole ottenere. Per esempio: “Ho notato che, negli ultimi dieci minuti, non hai detto niente (osservazione). Ti stai annoiando? (sensazione)”. Se la risposta è affermativa, si potrebbe descrivere la propria sensazione e proporre una soluzione: “Be’, mi annoio anch’io. Ehi, cosa ne dici di andare al cinema?”. Perché la richiesta sia veramente tale, e non diventi una pretesa, si deve dare la possibilità all’interlocutore di dire “no” o di proporre un’alternativa.

- quando si esprime una richiesta in forma di domanda: "Va bene se oggi accompagni la nonna a fare la spesa?", essa può apparire come una costrizione. Quando ci si accorge che la domanda non è stata percepita come una pretesa, sarebbe bene modificarla aggiungendo delle ulteriori spiegazioni, ad esempio: "Mi sento preoccupata per la salute della nonna perché si sta riprendendo dall'influenza, ma vuole andare in negozio a comprare le cose da sola. Puoi dirmi se ti senti disposta ad accompagnarla?". La richiesta sembra così più giustificata.

Collegando quanto detto all'educazione dei bambini in famiglia, si deve partire dal presupposto che proprio gli adulti/genitori devono fornire loro un valido esempio. Loro, invece, tendono spesso a ripetere gli stessi atteggiamenti, non sempre positivi, che hanno messo in atto i loro genitori. Cercare di spezzare questa catena dei comportamenti appresi con l'introduzione di uno stile educativo nonviolento, può fornire impulsi nuovi per vivere la propria genitorialità in maniera diversa. In quest'ottica è importante trattare il bambino come un essere alla pari, che ha esigenze ed emozioni che possono essere diverse da quelle dei genitori, che può non condividere ciò che gli viene proposto, che ha diritto a spiegazioni e alternative e non solo a degli ordini perché "tanto è piccolo" e non può decidere per sé. Aiutarlo a dare un nome alle emozioni e ai sentimenti che prova, dirgli che si comprende la sua tristezza/rabbia/frustrazione anche quando non gli si dà il permesso di compiere una determinata azione, lo aiutano a sentirsi rispettato nonostante dei limiti comportamentali introdotti. Chiedere scusa quando non si è riusciti a comunicare in modo nonviolento, perché "la pazienza può scappare a tutti", non distrugge l'autorità dei genitori ma la accresce e fortifica, costruendo le giuste basi alla futura genitorialità dei figli.

Se un bambino avrà un genitore che comunica in modo nonviolento, imparerà a farlo a sua volta. Come frutto di tale atteggiamento si può guadagnare maggiore libertà espressiva e spontaneità dei figli, che rendono felice il cuore di ogni genitore.

4. Le strategie per una comunicazione efficace di Vairo

Per migliorare le strategie comunicative tra genitori e figli, Anna Vairo suggerisce 10 regole/strategie (cfr. *10 regole per comunicare meglio con i propri figli*, E-book. In: http://www.anthos.info/download/10-regole-per-comunicare-meglio-con-i-figli.pdf). Presentiamole in maniera sintetica.

Strategia 1: Evitare contraddizioni tra linguaggio verbale e linguaggio non verbale

Nei paragrafi precedenti abbiamo descritto gli elementi della comunicazione verbale, paraverbale e non verbale, che hanno una rilevanza equivalente nella lettura del messaggio comunicativo.

La concordanza tra tutti gli elementi che compongono e connotano una comunicazione rende chiari, diretti ed inequivocabili i significati del messaggio, realizzando una comunicazione efficace, e rendono credibile il messaggio. Ad esempio, il genitore, per sottolineare un errore del figlio e porvi rimedio, si esprimerà con voce ferma, linguaggio chiaro, occhi rivolti direttamente a lui; per sottolineare compiacimento, invece, comunicherà con un bel sorriso accompagnato da un occhiolino complice, sguardo vivace e soddisfatto; per trasmettere forte coinvolgimento emotivo, parlerà poco, abbraccerà con calore, avrà gli occhi lucidi ed un sorriso appena accennato.

Al contrario, una comunicazione in cui gli elementi sono discordanti, disorienta il destinatario e non rende comprensibili le reali intenzioni di chi trasmette il messaggio. Ad esempio, il genitore che usa parole di rimprovero nei confronti del figlio e, quasi contestualmente, lo abbraccia, lancia un messaggio contraddittorio che infine lo confonde. Il figlio, pur comprendendo il contenuto del rimprovero, non riuscirà a valutarne l'importanza e non saprà cosa modificare nel proprio comportamento. La discordanza tra gli elementi indicherà scarso convincimento del genitore nella validità del suo messaggio e fornirà al figlio l'occasione per pericolosi alibi, scappatoie comode e giustificative.

Molte volte, il genitore, temendo le reazioni del figlio ad una sua eccessiva severità oppure, nel timore di mostrarsi troppo debole, chiama a sostegno dei propri comportamenti espressioni compensative. Ridimensiona il tono del rimprovero, connotandolo di gioco, per dimostrare al figlio che non c'è nulla di negativo tra di loro. Una relazione piena di elementi compensativi, oscilla tra regola, complicità e rimprovero senza per questo esprimere elasticità (elemento positivo). Evidenzia l'indecisione di chi non sa come comportarsi, connotando scarsa affidabilità ed autorevolezza, poca convinzione delle regole che si tenta di trasferire. Nel tempo, il genitore metterà a rischio la sua credibilità potenziando nel figlio disaffezione alle regole, ricerca costante di complicità, utilizzo di formule espressive equivoche, anche fuori dalla famiglia.

La concordanza tra gli elementi di comunicazione genera nel genitore consapevolezza, perché gli consente di verificare se stesso nelle varie situazioni e aumenta la stima di sé che si tradurrà in una comunicazione più chiara e diretta. Nel figlio aumenterà la determinazione e la convinzione nelle proprie scelte per aver sperimentato, nella relazione con il proprio genitore, l'efficacia di una comunicazione chiara, congruente ed esplicita che trova riscontro in ciò che dice e ciò che intende esprimere.

Strategia 2: Stabilire priorità comunicative

Sostenere tante argomentazioni nella stessa conversazione, senza attribuire ad esse una priorità, confonde l'interlocutore e svilisce la portata dei contenuti. Una comunicazione orientata a trasmettere un messaggio importante deve tenere conto della rilevanza degli argomenti e delle priorità. Il genitore deve imparare a rendere puntuali e precise le proprie osservazioni in relazione a ciò che intende sottolineare realmente per aprire maggiori spazi al dialogo e al confronto. Se si lascia prendere esclusivamente dall'emozione che lo spinge a comunicare con il figlio, adducendo troppi elementi di negatività, finirà per infierire senza che il figlio comprenda cosa correggere concretamente; oppure, se intende elogiare ed accomuna troppi elementi di positività, senza riferirsi a fatti specifici, creerà un clima di esaltazione che non servirà a motivare concretamente il figlio.

Focalizzare l'attenzione su un riferimento preciso dà alla conversazione un tono concreto e un fine ben orientato in cui sono chiari gli elementi di osservazione; si potenzia l'ascolto attivo, si aprono nuove possibilità per esprimere liberamente le proprie convinzioni. Al contrario, in una conversazione confusa gli argomenti perdono di rilevanza, l'interlocutore fa fatica a comprenderne il senso.

Strategia 3: Dare riconoscimento ai comportamenti positivi

L'attenzione, l'interesse e il coinvolgimento emotivo del genitore, risultano essenziali per formulare riconoscimenti sentiti ed efficaci, indicativi del profondo rispetto per ciascuna individualità. Questo bisogno di cura, consistente e profondo, a maggior ragione è avvertito in famiglia, luogo privilegiato di presenze significanti. Nelle dinamiche della relazione educativa famigliare, il riconoscimento positivo da parte del genitore assume valore di rinforzo, conferma e motivazione a migliorare, poiché proviene da assenza di interesse e, quindi, dalla totale gratuità. Come tale, risulta credibile ed energetico per potenziare il sé, correggersi, ampliare i punti di forza.

Il riconoscimento del comportamento desiderato specifico del figlio, potenzia la sua capacità di fare, motiva a consolidarlo e ripeterlo in successive occasioni. Il riconoscimento positivo rivolto al comportamento in generale, attribuito in maniera incondizionata, effonde positività a tutta la persona e produce una maggiore stima di sé.

Il riconoscimento positivo del genitore ottiene ottimi risultati di coinvolgimento, rilassa il figlio, amplifica l'ascolto e rende efficace la richiesta di miglioramento di altri aspetti comportamentali poiché interviene sulla fiducia e sulla credibilità: il genitore dimostra di essere obiettivo e non solo critico o punitivo. Inoltre, sostiene la motivazione a proseguire, a mirare al successo, a sperimentare nuove strade. Parte dalla fiducia nelle proprie, realistiche possibilità, apre spazi al dialogo e al confronto, educa ad un rapporto più fiducioso e sicuro anche nei confronti di persone estranee alla famiglia.

Strategia 4: Fare richieste realistiche

Nella relazione educativa, veicolata dalla comunicazione famigliare appropriata, è rischioso alimentare aspettative illusorie che non trovano corrispondenza nei desideri e nelle aspirazioni dei figli, così come risulta dannoso effettuare richieste troppo impegnative rispetto alle effettive possibilità di realizzarle.

Una richiesta sproporzionata avvilisce, svaluta le proprie forze, spinge a richiedere costantemente aiuto esterno, coltiva insoddisfazione, spinge alla rinuncia. Il desiderio di ottenere dai figli risultati sempre più elevati, pur se a fin di bene, rischia di svilire il piacere di fare e la capacità di cimentarsi nel compito assegnato. Richieste eccessive, pesanti e inadeguate a chi deve realizzarle, si connotano come forzate richieste genitoriali che influenzano la volontarietà e la capacità di decidere in autonomia. Esse attivano comportamenti automatici, dettati da: "Sii perfetto! Sbrigati! Fatti valere! Vinci!". I figli, ai quali tali comportamenti sono richiesti, agiscono non perché hanno deciso da sé ma sotto la spinta di compiacere qualcuno che per loro conta molto. Ecco perché tante volte le richieste sproporzionate possono ottenere, in una prima fase, esito positivo. È l'importanza che riveste il consenso del genitore a spingere il figlio ad accontentare la sua richiesta, pur di raggiungere la sua approvazione. Ciò che determina la volontà ad eseguire è, di conseguenza, la ricerca del consenso nel genitore e non la propria convinzione.

Il genitore dovrebbe motivare le proprie richieste con argomentazioni congrue ed idonee alle aspettative del figlio aiutandolo a fare discernimento tra ciò che è possibile o meno realizzare. Le richieste dovranno fondarsi su una profonda e complessa conoscenza dell'universo del proprio figlio per farlo sentire a proprio agio tra sogni ed aspettative, presente e futuro. Spingere non sempre significa "motivare", ma spesso si trasforma in "inibire".

Strategia 5: Evitare stereotipi e pregiudizi

Gli stereotipi sono la conoscenza che l'individuo immagina già di possedere, "falsi concetti classificatori a cui, di regola, sono associate forti inclinazioni emozionali di simpatia o antipatia, approvazione o disapprovazione" (C. G. Jung).

Il pregiudizio è un giudizio formulato non per conoscenza diretta di un fatto, di una persona, quanto piuttosto in base ad esperienze passate, proprie o viste vivere da altri. Indica carenza di dati attualizzati, concreti, verificati "qui ed ora".

Una relazione educativa famigliare non può basarsi su giudizi formulati prima, indipendenti dalla verifica della situazione concreta, affidati all'approssimazione e al sentito dire.

Il genitore che si pone nei confronti del figlio con atteggiamento pregiudiziale, fissando e cristallizzando la propria esperienza come verità da riproporre in qualunque situazione, si scontra fortemente con la dinamicità degli apprendimenti giovanili, alimentati da curiosità, novità, cambiamenti veloci. Il genitore che dà tutto per scontato rallenta nel figlio il piacere di sperimentare e scoprire, gli impedisce di esprimersi e di comunicare, aumenta la propensione agli errori.

Va ben specificato che non è il ricorso al pregiudizio in sé a danneggiare la relazione educativa, quanto il costante ricorso a esso. Qualora, infatti, ci si trovi in una situazione nuova, dinanzi alla quale non si sa come comportarsi, il ricorso al pregiudizio, a un comportamento richiamato alla memoria può risultare di aiuto fondamentale. Ciò che risulta dannoso è fare della convinzione pregiudiziale "la regola", eliminando la possibilità di ridefinirla alla luce di nuovi dati. L'educazione non deve mirare a consegnare risposte preconfezionate, a trasmettere soluzioni già individuate in altre occasioni, piuttosto deve costituire la base perché il figlio trovi da sé soluzioni e risposte alle circostanze che gli si presentano.

La serenità dei genitori è data dal credere che la propria presenza sia servita a rendere i figli responsabili e capaci di affrontare ciò che si presenta loro e che essi stessi ricercano. L'educazione contrassegnata da una corretta comunicazione fornisce gli strumenti per affrontare le situazioni, non la soluzione a tutte le situazioni. La relazione educativa famigliare dovrebbe condurre alla consapevolezza, alla conoscenza di sé, alla fiducia nelle proprie possibilità: tutti elementi che richiedono esperienza, lettura dei risultati e periodica ridefinizione degli obiettivi.

Strategia 6: Guardare da punti di vista diversi

Nell'educazione risulta fondamentale la conoscenza profonda dei figli, con attenzione particolare ai loro pensieri, ai progetti, alle emozioni e alle aspettative. Per questo motivo il genitore dovrà mostrarsi capace di modificare il proprio punto di osservazione.

Per essere presente, efficace e di supporto alla crescita in autonomia, il genitore deve sapere come il proprio figlio vede il mondo, quali sono i suoi gusti, cosa osserva, quali valutazioni fa, cosa lo entusiasma e cosa lo ostacola. Ciò non richiede uguaglianza nel pensare e nel sentire, né comporta necessariamente modificare le proprie convinzioni. Colmare il gap tra le aspettative da parte dei genitori e i risultati dei figli, può richiedere non solo un ridimensionamento delle richieste genitoriali ma anche la conoscenza puntuale e realistica dei criteri di valutazione dei figli, del panorama che scelgono di guardare, della prospettiva da cui intravedono i propri desideri.

Gli atteggiamenti amicali dei genitori non sempre costruiscono un rapporto di fiducia e rispetto. Fingere di pensare allo stesso modo del figlio per carpirne la benevolenza e affermare una posizione di controllo, oltre a configurare una relazione scorretta, non funziona. La capacità del genitore di guardare da più punti di osservazione comunica un'effettiva disponibilità a permeare le proprie posizioni con quelle degli altri, a cercare soluzioni strada facendo, a saper ammorbidire la propria rigidità. La relazione diviene appartenenza, opportunità di rinnovare l'incontro ad ogni occasione, allargare, aumentare e dilatare gli orizzonti della comprensione e dei sentimenti attraverso la conferma del rispetto per la soggettività e le posizioni esistenziali di ciascuno. Educare non consiste nel far acquisire ai figli il proprio modello, tanto meno persuaderli a guardare da un unico punto di vista: il proprio; ma sostenere nel figlio la ricerca dei propri modelli, quelli che lo soddisfano e lo rappresentano con valori, risorse, aspirazioni e sogni entro i quali riconoscersi.

Strategia 7: Usare i modi corretti di relazionarsi senza ricatti e manipolazione

Ci sono situazioni nelle quali la comunicazione con i figli ha come obiettivo ottenere determinati risultati senza che si realizzi una comprensione profonda e un profondo coinvolgimento. Può accadere che un genitore, pur di convincere il figlio, ricorre ad allettanti promesse o prospetta realtà in maniera alterata. Sono i casi in cui il genitore fonda il suo consenso sul ricatto o la manipolazione. Il ricatto crea un equilibrio vincolato, in forma esplicita o latente, alla prospettiva di un premio o di una punizione: "Ti premio se fai quello che dico io, ti punisco se non lo fai". Nella relazione educativa, il ricatto è particolarmente forte e favorito dal bisogno del figlio di ottenere l'approvazione del genitore e di compiacergli; inoltre, la posizione di "dipendenza" apre la strada ai sensi di colpa che rendono il figlio molto influenzabile.

Un genitore, infatti, se conosce bene suo figlio, ne può individuare perfettamente i punti deboli: la minaccia di incrinare la relazione, di perdere la fiducia, di deludere le attese di chi veramente per lui conta. Tutti fattori che spingono il figlio a conseguire obiettivi di cui non si chiede personalmente il "perché" e che lo configurano semplice esecutore di richieste genitoriali.

La comunicazione manipolatoria si realizza quando si prospetta al figlio un'aspettativa allettante, del tutto scollegata dal suo interesse. In questo stile comunicativo il genitore resta fuori dai desideri e dalla volontà del figlio ed orienta la sua comunicazione con lui per ottenere il consenso rispetto ad obiettivi che non lo riguardano. La manipolazione, anche quando a fin di bene, mira a una relazione di potere: ciò che interessa al genitore è la dipendenza del figlio e mantenere il controllo su di lui.

Questo tipo di comunicazione rischia di indebolire nel figlio il rapporto di fiducia nei confronti dei genitori, poiché, non sentendosi al centro di una relazione paritetica, identifica se stesso come uno strumento per il conseguimento di fini "esclusivi" del genitore. La mancanza di consapevolezza del proprio valore infievolisce nel figlio il bisogno di individuare obiettivi propri, di scoprire ciò che risulta utile, interessante, emozionante per sé.

Dal canto suo, il genitore, soddisfatto dei risultati ottenuti con il ricatto o la manipolazione, desiderando il meglio per il figlio, non si impegna a potenziare in lui la responsabilità in autonomia e continua ad affidarsi alle stesse modalità ricattatorie, sperimentate con successo.

Il più delle volte, il ricatto agisce per il forte bisogno di sicurezza avvertito dal genitore che, impaurito dai rischi che comporta l'inesperienza del figlio, mira ad ottenere comportamenti da sé considerati opportuni, pur di fronteggiare la proprie paure e le insicurezze per un futuro incerto. La sicurezza genitoriale ottenuta in questo modo non aiuta il figlio a crescere in autonomia e, in un modo o nell'altro, educa alla dipendenza dalle decisioni altrui.

Strategia 8: Potenziare l'approccio empatico

L'empatia consiste nel comprendere in quale stato emotivo si trova l'altro e nel comunicarglielo. Significa orientarsi alla dimensione profonda dell'interlocutore, coglierne l'unicità, rivolgendogli attenzione e rispetto.

La comprensione empatica è elemento fortemente agevolante nel costruire le relazioni famigliari soddisfacenti. Alcuni genitori, però, hanno una forte resistenza ad aprirsi alla dimensione emotiva e agire in maniera empatica, convinti di dover interpretare la responsabilità del proprio ruolo sotto forma di controllo.

La comunicazione empatica riduce le distanze e alimenta il sentimento di prossimità, è indicativa del rispetto rivolto all'universo emotivo del figlio, alla complessità dei sentimenti con cui alimenta la sua storia e gli comunica: "Capisco ciò che stai provando!". L'empatia non comporta l'immedesimazione con la gioia o con il dolore del figlio, ma comprendere ciò che il figlio sta provando dalla sua posizione. La capacità di stare in maniera empatica accanto al figlio significa permearsi di una "assenza di ruolo momentanea". L'empatia rappresenta davvero una risorsa indispensabile in ogni relazione che si presenta come viaggio in "terra dove l'altro abita". Un viaggio che coglie il genitore attento a tutto ciò che sorprende e meraviglia, tra emozioni che non sarebbe possibile provare in un'altra avventura e lo stupore per la bellezza di un'avanscoperta interiore.

Strategia 9: Saper valorizzare il silenzio

In un'epoca di rumori e toni alti siamo spesso oggetto di informazioni indifferenziate e scarsamente personalizzate per cui risulta utile riscoprire l'importanza del silenzio, specie in una relazione con persone che ci stanno a cuore in cui è centrale l'ascolto e il rispetto per i tempi altrui, assieme all'attenzione nel saper cogliere il momento in cui l'altro è disponibile al dialogo.

L'approccio protettivo dei genitori a volte rende la loro comunicazione ansiosa, prolissa, indiscreta, invadente. Una comunicazione efficace richiede invece la capacità di suscitare attenzione e interesse, agevolando nell'interlocutore il processo di ascolto e apprendimento e favorendo la concentrazione sulla centralità del messaggio. Questo esige il silenzio inteso come assenza di distrazioni interne e interferenze esteriori. Il desiderio di cercare altri contributi, nuove emozioni, pensieri "altri", richiede necessariamente il silenzio come luogo che genera ampliamento ed accrescimento, attraverso quella sua peculiarità che gli fa percorrere la distanza tra il "sé" e "l'altro" senza inquinare, interrompere o prevaricare.

A volte il silenzio che favorisce l'ascolto e crea le condizioni favorevoli per una corretta ricezione del messaggio, risulta più eloquente di mille parole.

Nella relazione famigliare, la scoperta del silenzio incide direttamente sull'intensità della relazione poiché mette alla prova la capacità del genitore di "farsi disponibile" riducendo la manifestazione di sé. Lasciare spazio, depotenziandosi, per attendere ed ascoltare, è un allenamento che rende, paradossalmente, più attento il figlio stesso alla relazione, gratificato e responsabilizzato dalla capacità del genitore di ritenere valido e, soprattutto, interessante, ciò che egli comunica. Nella relazione famigliare ricca di affetto non si può temere il silenzio che, invece, è latitante nelle relazioni di potere.

Strategia 10: Riconoscere i propri dubbi e le mancate conoscenze

Essere genitori affidabili non significa essere infallibili e perfetti in tutto. Celare le negatività e le difficoltà, mostrandosi sempre vincitori, altera la lettura della quotidianità e rischia di fornire un modello di sé così irraggiungibile da apparire distante dai figli e, come tale, lontano dalla comprensione dei loro veri bisogni. Presentarsi perciò come si è, capaci di affrontare un problema anche senza avere la soluzione preconfezionata per risolverlo, vale certo più di una presunta infallibilità che crea così forti aspettative da causare, prima o poi, una delusione. Orientare i figli ad affrontare le difficoltà, più che a evitare gli ostacoli, passa attraverso la trasparenza di una quotidianità in cui i dubbi, le domande, le certezze, riescono a comunicare sicurezza e a trasmettere fiducia. Chi sa già tutto non può capire chi è alla ricerca di comprensione come lo sono i figli, sempre così pronti a nuove esperienze e nuove sfide. Genitori così sicuri di sé, che evidenziano la problematicità di una situazione, che dimostrano di essere "arrivati" alla soluzione senza dover comprenderne i dettagli, indeboliscono la costruzione di sé nel proprio figlio, sviliscono il piacere della ricerca, orientano all'emulazione forzata.

I figli valutano i genitori, solo apparentemente, per le vittorie ottenute, ma in realtà il giudizio si fonda piuttosto sulla "capacità del genitore di saper amare". I figli hanno bisogno di sostegno concreto e di risorse reali, di punti fermi cui riferirsi, non di illusioni o formule magiche per affrontare vittoriosamente ogni evenienza. Educare al successo non significa spingere il proprio figlio soltanto alla vittoria: avere successo richiede anche la capacità di porsi di fronte alla sconfitta in maniera costruttiva. L'educazione in famiglia tramite una comunicazione efficace dovrebbe fornire ai figli l'aiuto per gestire sia le sconfitte che le vittorie, per motivare concretamente a proseguire negli obiettivi scelti da protagonisti consapevoli della propria storia.

Conclusione

La comunicazione è la base di ogni relazione umana. Non è una semplice trasmissione di informazioni, ma una forma di condivisione dell'affetto e del vissuto con coloro che ci stanno accanto lungo il sentiero della vita. Una comunicazione efficace ed empatica, dove parlare diventa parlarsi e capire diviene capirsi, contribuisce al benessere individuale e famigliare, amplia gli orizzonti, favorisce la crescita e il cambiamento, incoraggia le relazioni e migliora la qualità della vita. Specialmente in famiglia, che vive momenti di crisi, la buona comunicazione si rivela fondamentale per avere una chiara visione del presente e affrontare adeguatamente le sfide del futuro insieme.

Bibliografia

Cozzolino M. (2003). *La comunicazione invisibile. Gli aspetti non verbali della comunicazione*, Edizioni Carlo Amore, Roma. ISBN 88-78958-09-2

Faure J-F. (2016). *Senza punizioni né ricompense. Educare con la comunicazione non violenta*, Terra Nuova Edizioni, Firenze. ISBN 978-88-6681-154-1

Faure J-F., Girardet C. (2017). *Empatia. Al cuore della comunicazione non violent*a, Terra Nuova Edizioni, Firenze. ISBN 978-88-6681-182-4

Hall E. T. (1966). *The hidden dimension*, Doubleday, Garden City (N.Y.).

Lowen A. (2013). *Il linguaggio del corpo*. Feltrinelli, Milano. ISBN 978-8807882425

Marroncle J. (1992). *Coppie in crisi. Perché i contrasti non si trasformino in fallimenti*, Elledici, Cascine Vica. ISBN 978-8801111378

Monasterolo L., *10 passi per la gestione del conflitto*. In: https://www.monasterolo-psicologotorino.it/gestione-conflitto/

Rosenberg M. B. (2011). *Comunicare con empatia*, Esserci Edizioni, Reggio Emilia. ISBN 978-88-87178-97-5

Rosenberg M. B. (2017). *Le parole sono finestre (oppure muri). Introduzione alla comunicazione nonviolenta*, Esserci Edizioni, Reggio Emilia. ISBN 978-88-96985-62-5

Slezáková, K. (2019). *Podpora pracovnej integrácie adolescentov s mentálnym postihnutím*, Dobrá kniha, Trnava. ISBN 978-80-8191-227-6

Šmidová M., Slezáková, K. et al. (2019). *Manažment kvality pri poskytovaní dlhodobej starostlivosti*, Dobrá kniha, Trnava. ISBN 978-80-8191-231-3

Šmidová M., Trębski K. e Nemčíková M. (2019). Quality in long-term care: central european people-centred assessment principles and their calls for an efficient interdisciplinary dialogue. *Acta Missiologica*, 13, 3, pp. 201-213.

Vairo A. *10 regole per comunicare meglio con i propri figli*, E-book. In: http://www.anthos.info/download/10-regole-per-comunicare-meglio-con-i-figli.pdf

Wynne L. C. (1972). The injection and the concealment of meaning in the family relations and psychotherapy of schizophrenia. In: Rubenstein D, Alanen Y. O. (eds.). *Psychotherapy of Schizophrenia* (pp. 180-193). Excerpta Medica, Amsterdam.

Wynne L. C. et al. (1958). Pseudo-mutuality in the family relations of schizophrenics. *Psychiatry*, 21, pp. 205-220.

Wynne L. C., Singer M. T. (1963). Thougth disorder and family relations of schizophrenics. I. A research strategy. *Archives of General Psychiatry*, 9, pp. 191-198.

Zuk G. H. (1965). On the pathology of silencing strategies. *Family Process*, 4, pp. 32-49.

Recensione scientifica / vedeckí recenzenti:

Prof.ssa Cecilia Costa PhD. - Professore associato di Sociologia dei processi culturali, Dipartimento di Scienze della Formazione (DSF), Università degli Studi di Roma Tre; professore stabile-straordinario di Sociologia generale e della religione, Istituto Superiore di Scienze Religiose "Ecclesia Mater", Pontificia Università Lateranense, Città del Vaticano.

Prof. Arnaldo Pangrazzi PhD. (col.o). - Istituto Internazionale di Teologia Pastorale Sanitaria "Camillianum", Pontificia Università Lateranense, Città del Vaticano.

Pagine 57 - Cartelle editoriali standard da 1800 battute (spazi inclusi) 63,1

(na Slovensku počet autorských hárkov: 3,15 AH)

Printed by Books on Demand GmbH, Norderstedt / Germany